Improve Your Life and Your Work
Just by Waking Up 30 Minutes Earlier

朝30分早く起きるだけで
仕事も人生もうまく回りだす

「夜型だった」自分が
残業0、収入3倍、自分の時間10倍になった
黄金時間活用術

Tomoaki Kikuhara
菊原智明

青春出版社

本書はズバリ、「朝を有効に活用して、欲ばりな1日を過ごしてもらう」ために書いた本です。

・朝を有効に活用する（朝活）と、どんな成果が得られるのか
・具体的にどうやったら無理なく早起きできるようになるのか
・どんな素晴らしい可能性が広がるのか

などを明確にわかりやすく伝えています。


今まで朝をうまく活用できなかった人は、低血圧だからとか、朝は弱いからというのではなく、単純にコツや体の仕組みを知らなかったからにすぎません。

朝活には〝成功させるためのコツ〟があります。

それをしっかりとわかりやすくお話ししますので、安心して読み進めていただければと思います。

なぜ今、ビジネスパーソンに「朝」が重要なのか

今、ちょっとした朝活ブームになっています。

その理由の1つは「働き方改革」です。

ここ最近の会社の大きな課題は、働き方改革とどうつき合っていくかでしょう。

みなさんの会社もずいぶんと働き方が変わってきたはずです。

働き方改革は、夜遅くまで残業するといったブラックな勤務体系から解放されるというメリットがあります。

しかし、いい面だけではありません。

多くの人が感じているように、仕事の量は変わっていないのに、働く時間だけは制限される、というデメリットがあるのです。

私の知人の営業マンは、「やるべき仕事が多いのに〝早く帰れ〟と、18時には会社から

追い出されてしまう」と嘆いています。

自動的にパソコンがシャットダウンしてしまうというのです。

残った仕事を家に持ち込めば、奥さんや子どもから「家で仕事をしないで」と言われ、ファミリーレストランかカフェで仕事をしなくてはなりません。

しかもそのカフェも、同じような境遇の会社員でいっぱいで席が取れないことも。

どこで仕事をしたらいいのか……と働く場所を求めて、さまよっている仕事難民も増えているのです。

働き方改革で無駄な残業時間を減らすこと自体は賛成です。

ただし、ただやみくもに働く時間だけを制限してもあまり意味がありません。


「仕事は増えるが、残業するな」では、現場は混乱するだけです。


実際、働き方改革で「仕事量が減った」などという話は聞いたことがありません。

会社がノー残業デーと決めたとしても、「ノルマを達成せずに毎回定時に帰る」ということは、実際のところ難しいのです。

だからといって、働き方改革の流れを止めることはできません。

働く時間が制限される中、うまく対応していくしかないのです。

この働き方改革の波にうまく乗っていくためには、朝の時間を有効に活用する、いわゆる「朝活」が必要になってきます。

これは「朝を有効に活用できたらいいな」というレベルではなく、今や必須事項です。

朝を上手に活用できない人は、令和の時代にはやっていけません。

朝活で、やりたいことが全部できる！

ここまではマスト、いわゆる「朝活はしなくてはならない必須事項である」といった話をしてきました。

でも、朝活はそれだけではありません。

マストだけでなくウォント、つまり「これをしたい！」「あれも手に入れたい！」といったことを叶える時間にもあてられます。

今まで「時間がなかったから……」と諦めていたことも、全部できるようになるのです。

私は朝活によって、

「毎日残業のダメ営業マン」→「毎日定時で帰るトップ営業マン」

に変わることができました。

また**「著者」「コンサルタント」「大学講師」と、やりたかったことがほぼ全部手に入ったのです。**

朝活歴15年の私ですが、今では人に話すと「えっ、本当にそんなに多くのことをやっているんですか？」と驚かれるくらいの仕事量をこなしています。

それも朝の2時間で、すべてできるのです！

もちろん、空《あ》いた時間で好きなことができます。

私は決して能力が高い人間ではありません。

それは本書を読んでいただければよくわかると思います。

こんな私でも朝活でここまでの成果を出せたのですから、読者のみなさんにできないはずがないのです。

さらに**朝活は、仕事だけにとどまらず、自分磨き、趣味の充実、人脈**

を広げる、健康づくり、副業……などなど、自分のために使える時間を生みだし、これからの人生を豊かにするあらゆる成果がすべて手に入るのです。

人生は、欲ばっていいんです。

朝を活用して欲ばりな1日、欲ばりな人生を過ごしたいと思っているあなた、今こそ変わるチャンスです。

この本を手に取ったのが朝活成功の第一歩です。

朝活でやりたいことをすべて叶えましょう。

目次

第1章 朝30分の使い方で、すべてが手に入る！

目次

第2章

まず「1日1分ずつ」早く起きることから始めよう

◇1ヵ月で〝朝が弱い〟から〝朝を有効に使える〟人になる簡単な習慣

第3章 朝を有効に使いきるコツは、この体のメカニズムを知ること

◇脳の3つのサイクルで、自分史上最高のパフォーマンスが発揮できる

第4章

朝の黄金時間がより効率的に使える、便利ツール利用法

◇〝スマホアプリ〟や〝やる気アップの仕掛け〟は強力な武器になる

第5章 結果を出し続けている人は「前の夜」の使い方がうまい！

◇朝の目覚めを一変させる、食・酒・読書・睡眠…のちょっとした工夫

第6章 仕事も人生も120％の満足！ひとつ上の「朝の使い方」

企画・編集協力／遠藤励起
図表作成・DTP／エヌケイクルー
カバーイラスト／bsd/Shutterstock.com
扉イラスト／Rokygpds /Shutterstock.com

第1章

朝30分の使い方で、すべてが手に入る！

◇仕事・勉強・趣味…やりたいことが全部できる「黄金時間」活用術

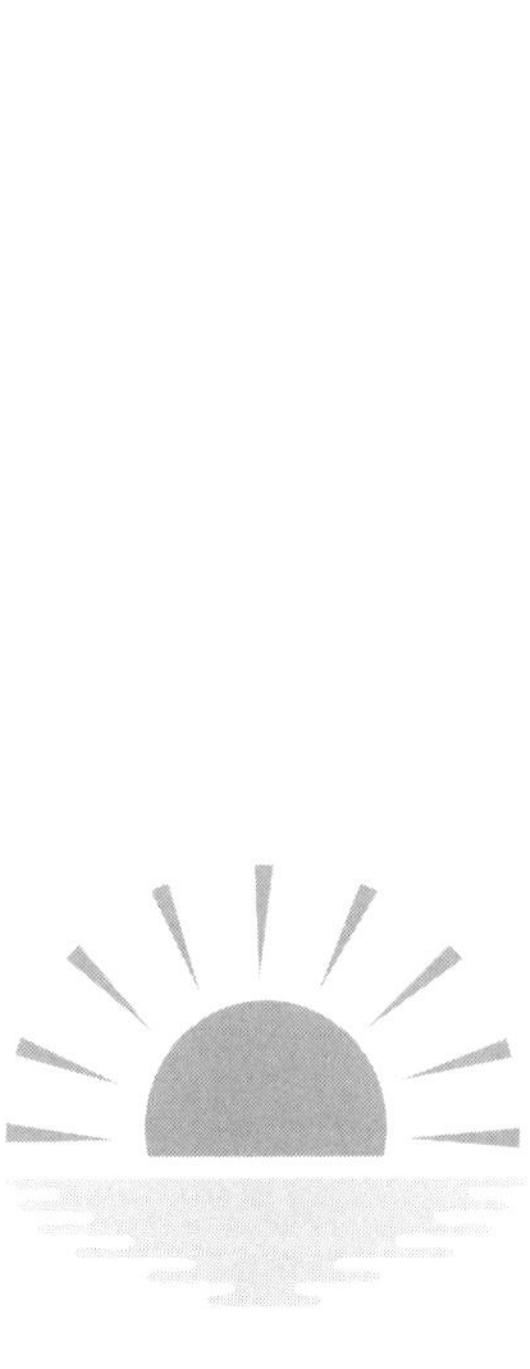

30歳まで超夜型人間だった私

朝活歴15年、今ではすっかり朝型になった私ですが、以前は超がつくほど夜型人間でした。

まずは30歳までの私の話をさせてください。

夜型人間の歴史は長く、そのルーツは中学生から始まります。

当時、ロールプレイングゲームが流行し、友達より少しでも早くクリアしたい一心で深夜までやっていました。

それから受験、高校時代と深夜の2時より早く寝た記憶がありません。

大学生になってから、さらにひどくなります。

時給が高いからといった理由で、夜の10時から朝の3時、4時までコンビニエンスストアでバイトをしていました。

夜になればなるほど頭が冴え、体が動く夜行性だったのです。

その習性は、社会人になってからも変わりません。

当時は働き方改革などなく、夜遅くまで残業をするのが当たり前でした。ダメ営業マンだった私は、上司より早く帰ることなど許されません。禁止されていたわけではありませんが、そんな空気だったのです。

毎日深夜の12時過ぎに帰宅し、なんだかんだで寝るのは2時過ぎです。やっと眠りについたと思ったら、あっという間に朝という感じでした。

寝酒を飲んでいたため、地獄のような朝が待っているのは想像に難《かた》くないでしょう。

鉛のように重い体にムチを打ち、出社していたものでした。

こんな生活を30歳まで続けた、筋金入りの超夜型人間なのです。

なんとか会社に行くものの、午前中は頭がボーッとして使いものになりません。

だから仕事が先送りになり、自動的に帰るのが遅くなります。

こういった最悪のサイクルで仕事をしていたこともあり、仕事ではミスばかりし、取れる契約も取れなくなります。

入社して30歳までの7年間、営業成績は最悪だったのです。

朝活で年収3倍、営業成績4倍になっただけでなく…

そんな深夜型でダメ人間の私でしたが、30歳の時に転機が訪れます。

営業のやり方を、訪問から手紙の営業にし、スタイルをガラッと変えたのです。

この改革により成績は急上昇します。

7年間のダメ営業マンを抜けだしつつある瞬間だったのです。

ただし、ここで大きな壁が立ちはだかります。

その壁とは、営業成績が上がることで、それに伴う事務作業も増えて、仕事が多くなって早く帰れなくなってしまったのです。

ダメ営業マン時代はノルマが達成できず、気まずくてつき合い残業をせざるを得ませんでした。

その時の夢は「ノルマを達成して定時に帰る」ということだったのです。

しかし、今度はノルマを達成して堂々と帰れるのに、仕事が多くて帰れないという状況になってしまいました。

これはなんとも悔しい。

この時はじめて、朝活について真剣に考えだしたのです。

朝を有効に活用する必要性は感じていたとはいえ、30年間染みついた夜型がすぐに直るわけではありません。

朝活の本を何冊も読んで挑戦したものの、早起きしたところで眠くて体が言うことをきません。

ただ早く起きただけで、何もできなかったのです。

1日1分ずつの早起きで無理なく朝型になれた

そこで考えたのは長期戦です。

目覚まし時計を「1日1分」早くするようにセットしました。

さすがに1分の早起きならツラくありません。
さらに翌朝ももう1分早く起きる。その次の朝も……と続けて、**1カ月後には、30分の時間を作ることに成功した**のです。

慎重派の私は、ここで「朝の30分」という時間を延ばしませんでした。
慎重派と言えば聞こえがいいが、要は根性がないだけです。
この30分でやっていたことは、

- **仕事の予定を立てる**
- **ブログを書く**
- **本を読む**

といったことです。
今から考えればたいした行為ではありません。
ただ、朝ちょっと早く起きて何かをする、といったこと自体に気持ち良さを感じていました。

時間を気にしながら、慌ただしく出社していた時期とは明らかに違っていたのです。

気分良く出社すれば、仕事ははかどります。

どんどん仕事は前倒しにできるようになり、帰宅時間もさらに早くなります。

この時はじめて、いいサイクルが回り始めます。

それからは、自然に早寝早起きが習慣になっていったのです。

そして半年後、私は「定時に帰るトップ営業マン」になりました。

朝型に変えてから思ったのは、「なぜ今まで朝の時間を活用しなかったんだ」という後悔しかありません。

私が勤めていた会社は固定給の他に、成績によってもらえる歩合給がありました。

ですから成績によって給料が変わります。

この時、私の年収は３倍に、成績は４倍になっていたのです。

著者、コンサルタント、大学講師…すべての夢が叶った！

「毎日残業のダメ営業マン」から「毎日定時で帰るトップ営業マン」。

たった30分だったのですが、朝活は私にこんな素晴らしい逆転劇を味わわせてくれました。

これだけでも私には、あり余るほどの喜びです。

私は、４年間トップ営業マンを続けた後、会社から独立します。

当時、娘はちょうど1歳でまだ赤ちゃんでした。

家で仕事をしていたため、「娘が起きる前に仕事をしよう」と、さらに時間を朝にシフトするようにしたのです。

もともと朝活の効果は実感していましたが、さらに朝活の凄さに気づかされます。

朝の時間は前向きに仕事ができますし、集中力も高く、効率がいいのです。

効率以上に、とにかく非常に気持ちがいい。

朝活の気持ち良さを実感した私は、どんどん朝活にのめり込んでいきます。

結局たどり着いたのは、毎朝4時に起きて活動するということでした。

具体的な方法については、この後の章で解説していきますので楽しみにしていてください。


このことを人に話すと「えっ、4時起きですか！　冬なんて真っ暗じゃありません？」と引かれてしまいます。

秋から冬にかけては真っ暗です。

でも、それがいいんです。

まず起きた瞬間に「よっし！　今日も太陽に勝ったな」と嬉しくなりますし、「この時間帯に起きて活動している人はほぼいないだろうな」と特別な気分になります。

冬場は早起きの人でも起きるのは6時くらいです。

そこで**4時に起きれば、最低でも2時間はたっぷり時間が取れ、その時間を自由に使えます。**

「自分だけが使える自由な時間が2時間もあるぞ」と考えるだけでもワクワクするのです。

繰り返しますが、もともとは意志の弱い、超夜型人間だった私が、ここまで変われたのです。

私の朝活の一番の楽しみはブログです。

（住宅営業マン日記　http://plaza.rakuten.co.jp/tuki1/）

始めた当初はブログをアップするだけで十分楽しかったのですが、そのうちにコメントなどをもらえるようになり、ますますハマっていきました。

このブログをきっかけに、出版の話をいただきます。

まさか自分が本の著者になるなんて、思ってもみなかったことです。

そして1冊目の本を出版したところ、様々な企業から研修の話をいただき、営業コンサルタントとして生計が立つようになりました。

また、ご縁があって10年前から大学講師もさせていただいています。

著者、コンサルタント、大学講師、どれも私の夢であり、やりたかった職業です。

すべては朝活のブログから始まりました。

朝活していなかったら何一つ手に入らなかったのです。

朝は夜の4〜5倍のパフォーマンスが発揮できる

今は多くの企業にお声がけいただき、本を書いたり、研修、講演をさせてもらったりしています。

本当にありがたいことです。

改めて言っておきますが、私はごく普通の人間です。

飛びぬけた能力もありませんし、企業や出版業界にまったくコネはありませんでした。

生まれも育ちも群馬県で、今も群馬県に住んでいます。

そもそも元をただせば、超夜型のダメ営業マンです。

そんな私が結果を出せたのは、ひとえに朝活のお陰なのです。

私が朝活から受けている恩恵は計り知れません。


朝活のメリットを1つだけ答えてくださいと聞かれたら、迷わず「朝はケタ違いに効率

がいいからです」と答えます。

感覚的には、日中や夜の4～5倍だと確信しています。

なぜ、そんなことがハッキリ言えるのでしょうか？

それは原稿を書く時間で比較したからです。

はじめて出版することになり、原稿を書いていた時のことです。

「原稿は夜書くものだ」と思い込んでいたこともあり、はじめは夜に執筆していました。

毎日、２０００字（４００字詰め原稿用紙5枚分）をノルマとして書いていたのですが、軽く2時間はかかっていました。

しかも、その原稿の精度はイマイチで、朝起きて読み返しては「あぁ～、また書き直しだ……」とため息をついていたものでした。

このままではらちが明かないと判断して、あらゆる時間で試すことにしたのです。

私は理系出身です。

専攻は材料工学で、セラミックの破断試験をやっていました。

実験は条件を変えながら何度も繰り返して行います。

こういったことは得意分野です。

いろいろな時間を試した結果、朝の時間帯がダントツにいい結果が出ました。

夜に2時間以上かかっていた原稿書きが、朝ならたった30分程度で書けることに気がついたのです。

しかも原稿の内容も良く、書き直しもほとんどありません。

それからは、一度も夜に原稿を書くことはしなくなりました。

とくに文章を書くといった「クリエイティブワーク」には、とてつもない差がつくのです。

この「朝の威力」を一度知ってしまった以上、もう後戻りはできません。

時短勤務の子育てママが「朝活」でマネージャーに昇進

私の話ばかりでは説得力が弱いので、朝活で人生を変えることに成功したお二人をご紹介します。

まず1人目は、大手自動車会社に勤務しているNさん（40代女性）です。

出会ったのは、あるセミナーでした。

このセミナーは誰でも気軽に参加できるような金額ではなく、意識の高い人ばかりが参加しているような会でした。

その中でもNさんは弁が立ち、目立った存在でした。

はじめてお会いした時は「プライベートを犠牲にしてでも仕事を優先させる、キャリアウーマンタイプかな」と思ったほどです。

しかし、実際に話をしてみると、仕事と家事を両立させている、子育て中のママというではありませんか。

これには本当に驚きました。

Nさんは、お子さんが生まれてから朝活の習慣を身につけたそうです。

しかも出産後、時短勤務を続けながらマネージャーに昇格したというのは素晴らしいですし、全国の子育て中のママには非常に励みになると思います。

Nさんの朝は4時からスタートします。

朝起きると、まずは「温かい豆乳」で体を目覚めさせます。

次にラジオ体操やストレッチで体を動かし、血液を循環させるのです。

今日は疲れが残っている、もしくは心がざわついていると感じた時は、数分間「瞑想」して心を落ち着かせることもあります。

家族の朝食をしっかり作り、６時に家を出ます。

会社に着くと、上司やメンバーがそろうまでの１〜２時間の間に「やることリスト」を見て、重要な仕事を優先的にサクサクこなします。

Nさんは、時短勤務で16時30分に退社します。

そのために、朝の１〜２時間に集中して業務を片づけています。

重要な仕事を片づけてから通常の業務に入るので、ストレスなく取り組むことができるのです。

Nさんは、大手自動車会社で世界を相手にグローバルな仕事をしながら、子育てをキチンとし、素敵なご主人との時間もしっかり取っています。

さらにはセミナーに参加したり、教材で勉強したりと自分を成長させるための投資もしている、本当に素晴らしい方です。

みなさんもNさんに負けずに「朝活」ですべてを手に入れてください。

たった「30分の早起き」で、人生が変わった営業マン

次にご紹介するのは、大手ハウスメーカー勤務の若い営業マンの例です。

私が研修している会社の中に、急成長した営業マンA君がいます。

今までA君の成績はちょうど中間くらいだったのですが、ここ最近、一気に成績を伸ばしトップに躍りでたのです。

営業会議で部長がA君にその理由を尋ねると、自信を持って「家を出る時間を30分早くしたからです」と言い放ちます。

部長もまわりの営業マンも、予想していない回答に「オイオイ、冗談でしょ」といった声を上げていました。

てっきり、新しい営業手法か何かを習得した、と思っていたのでしょう。

他の人は意外に思ったかもしれませんが、私はその真意がよく理解できます。

その後、部長はA君に詳しい話を聞きました。

かつてのA君は、いつも遅刻ギリギリで会社に向かうため、常にイライラしていたのです。

朝からイライラするため、会社に到着する頃には無駄に体力を消耗し、疲れています。乱れた精神状態で仕事をスタートさせていたため、まわりの人たちやスタッフと衝突したり、トラブルを起こしたりしていたのです。

イライラした状態でお客様とやり取りしていたのですから、うまく行くものも行かなくなります。

こうして本来の力を発揮できないまま、くすぶっていたのです。

私の研修には、時間術のメニューもあります。

A君は私が推奨している「30分早起き」の時間を使い、会社に30分早く行くようにしました。

そうすると、いつもよりゆったり会社に向かえるようになります。

リラックスして会社に向かえれば、いい状態で仕事がスタートできるようになります。

職場の人たちともいい関係になり、いい精神状態でお客様との商談に臨めます。

営業は、メンタルの影響を強く受ける職業です。

朝リラックスして仕事をスタートするようにしたことが、A君をブレイクさせたのです。

小手先の営業ノウハウを身につけたわけでもなく、自己啓発に励んだわけでもなく、朝30分早く起きることで結果を出しました。

それも契約数は2倍、契約金額は250%アップさせ、ダントツの結果を出したのです。

A君は30分早く出社する、といったシンプルな行動だけで結果を出しました。

これだけでも十分なメリットがありますが、可能であれば、この30分で少しでも仕事に役立つ行動をすればさらに結果は出てきます。

朝活でしてほしいことベスト5～プライベート編

第2章以降で朝を有効に活用する具体的な方法をお伝えしますが、その前に「朝活でしてほしいことベスト5～プライベート編」をお伝えしたいと思います。

朝にする理由は習慣化しやすいからです。夜だと疲れてなかなか続きませんが、朝ならば継続しやすくなります。

もちろん、私が勧めること以外でも構いません。

「朝早く起きたのはいいけど、何をしていいかよくわからない」という人は、ぜひ参考にしてみてください。

1．自分磨き

自分磨きをひとことで言えば、外見もしくは内面を磨いて、今よりもっと魅力的な自分になれるように努力する行為です。

外見的なことで言えば、スキンケアをするのもいいですし、スーツやネクタイをじっくり選んだり、髪型のセットに時間をかけてもいいでしょう。

また、内面的なことであれば、尊敬する人の言葉を紙に書いたり、読んだりして朝のクリアな頭に刷り込むのもいいですね。

私のお勧めは「笑顔の練習」です。

朝活の時間を、より魅力的になるための自分磨きに使ってはいかがでしょうか。

2．ボディメイク

最近、ボディメイクをする人が増えました。一昔前のボディビルのような体ではなく、自分にとって理想の体形を作ることを目指します。

女性の場合もただ体重を落とすダイエットではなく、しっかり筋肉をつけてメリハリのきいた体形を作ることがボディメイクの目的です。

わざわざジムに通って器具を使うようなトレーニングをしなくても、自重（自分の体重）を使ってトレーニング（腕立て伏せやスクワット）ができます。

体と心は密接に結びついています。

いい体になれば自信がつきますし、朝から運動すると気持ちがいいものです。

3．健康促進・体のケア

いい結果を出すためには、体のコンディションが整っていることが大切です。

ただ、それをわかっていても、実際は体調を崩したり、病気になったりしてからケアするというのが現実でしょう。

どうしても仕事のほうを優先するため、「ちょっと調子が悪い」といった体からのサインを無視し続けてしまいがちです。

私の知り合いの社長は「毎朝５分間のストレッチをするようになってから、体の調子がすごくいい」と言っていました。

朝の時間を使って体にいいことをすれば、必ず体は返してくれます。

４．情報発信

今や一人１メディア時代とも言われています。

ブログ、ＳＮＳなどはほとんど無料ですから手軽にできます。

仕事のこと、自分の考えや日常生活などでもいいです。

私は、毎朝のブログ更新で世界が広がりました。

ブログの内容も、はじめは会社でのちょっとした出来事（愚痴なども含めて）だったのですが、だんだんと「せっかくだから営業に役立つ情報にしよう」と進化させていきました。

こちらもぜひ、チャレンジしてみてはいかがでしょうか。

5．起業準備

今の会社が一生自分を守ってくれる、なんて思っている人は少ないでしょう。

今の会社でうまく行かなくなったら、転職という方法もありますが、いつかは自分で起業するか、フリーランスでやっていくことも十分考えられます。

そのタイミングは、自分が思っている以上に早いかもしれません。

いきなり会社の外へ出るのは不安ですが、準備しておけば安心です。

朝なら前向きな気持ちで起業準備ができます。

副業が許されている会社でしたら、「ココナラ」（スキルのフリーマーケット）などのサイトに登録して、自分の得意分野でひと稼ぎしてもいいでしょう。

副業禁止ならば、将来やりたい仕事の勉強をする時間にあててもいいと思います。

朝活でしてほしいこと〜プライベート編

1. 自分磨き

・スキンケアやボディケアをする
・読書の時間にあてる
・スマホで英語を聞く…など

2. ボディメイク

・自重（自分の体重）を使って筋力トレーニング
・プロテインを飲む
・ジョギングをする…など

3. 健康促進・体のケア

・体にいい食べ物を食べる
・ストレッチやヨガをする
・ウォーキングをする…など

4. 情報発信

・ブログを更新する
・SNSでお役立ち情報を発信する…など

5. 起業準備

・起業に役立つ情報を集める
・副業で自分のスキルを販売してみる…など

朝活でしてほしいことベスト5～仕事編

ここでは「朝活でしてほしいことベスト5～仕事編」として、仕事（出社）前に朝していくといいことをご紹介します。

1．コミュニケーション

朝活で一番効果があるのが、このコミュニケーションだと思います。

朝は家族と会話をします。

時間的に余裕があれば、いい感じでコミュニケーションが取れるようになるでしょう。

家族とケンカして家を出るのと、いい気分で家を出るのとでは、仕事に向かうメンタルが雲泥《うんでい》の差になります。

また会社に早めに行く人なら、会社でのコミュニケーションも重要です。

上司、同僚、部下とコミュニケーションが取れていれば、仕事は自然とうまく行きます。

2．会議資料に目を通しておく

会議資料だけではありませんが、今日会社でやることの予習をしましょう。

学生時代を思いだすと、予習をしていった教科は理解しやすく、興味を持って先生の話を聞けたはずです。

わずかな時間でも資料に目を通し、「今日は、こういったことをするんだな」と頭に入れただけでも効果があります。

仕事の８割は段取り（準備）で決まります。

3．企画書作成

いい企画を会社で考えようとしても、なかなか案が出てこないものです。

また、せっかくいい調子で考えている時に上司から仕事を頼まれたり、部下から相談があったりと、落ち着いて考えられません。

朝なら集中して取り組めますし、頭もスッキリしています。

日中より短時間ではるかにいい企画書ができます。

4．アイデア出し

どんなに素晴らしいアイデアでも、頭の外にアウトプットしなくては使いようがありません。

朝活の時間は、アウトプットに適した時間帯です。

マインドマップでもブレインストーミングでも、大谷翔平さんで有名になったマンダラチャート（9マス×9マスにアイデアを書いていく）でも構いません。

自分の好みの方法で、ビジネスのアイデア出しをしてみてはどうでしょうか。

5．タスク整理・イメージトレーニング

仕事を始める前に「今日は何をすべきか」と、仕事のタスク整理をしてしまいましょう。

その日の仕事のＴＯＤＯリストを作成・確認して、優先順位を決めるのもいい方法です。

やることが整理できたら、1日の動きをイメージするのです。

そうすることで、その日の仕事の生産性も向上します。

朝活でしてほしいこと～仕事編

1.コミュニケーション

・家族とのコミュニケーション
→仕事に向かうメンタルが変わってくる

・仕事前の上司、同僚、部下とのコミュニケーション
→その日の仕事がスムーズに進む

2. 会議資料に目を通しておく

→会議資料に限らず、その日にする仕事の予習をしておく

3. 企画書作成

→頭がスッキリしていて、集中して取り組める

4. アイデア出し

→マインドマップ、ブレインストーミング（ブレスト）、マンダラチャートなどを活用。朝はアウトプットに適した時間帯

5. タスク整理・イメージトレーニング

→その日のタスク整理。TODOリストを作成するなどして、仕事の優先順位を決め、1日の動きをイメージする

第１章まとめ

- どんなに夜型の人でも、１ヵ月あれば朝型になれる。
- 朝型に変えたことで、残業０、年収は３倍、成績は４倍にもなった。
- 朝中心の生活で、やりたかったことがすべてできるようになる。
- 朝はケタ違いに効率がいい。日中や夜の４～５倍の生産性がある。

第2章

まず「1日1分ずつ」早く起きることから始めよう

◇1ヵ月で〝朝が弱い〟から〝朝を有効に使える〟人になる簡単な習慣

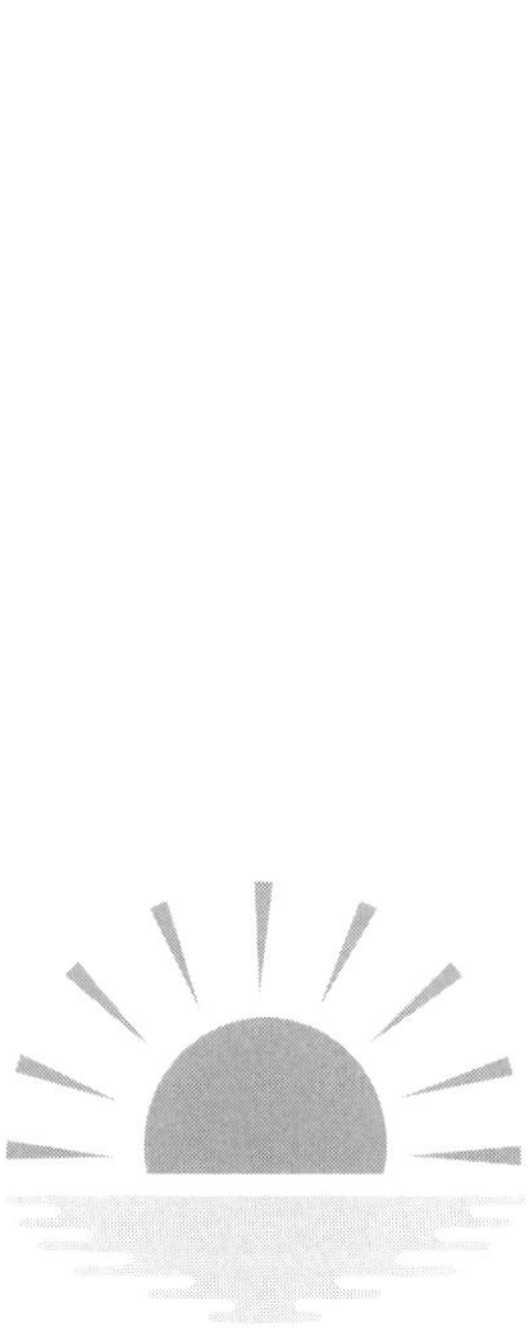

いきなり2時間早く起きるから挫折する

私は筋金入りの超夜型人間でした……という話を、「第1章」でさせていただきました。

そんな私ですが、朝活を成功させる前にも何度か、「これからは心を入れかえて朝型にするぞ！」と思ったことがあります。

今は慎重派の私も、当時は一気に結果を出そうとする傾向がありました。

今まで7時30分に起きていたのを、2時間早くして、5時30分に起きるようにしたのです。

急に2時間も早く起きたらどうなるでしょうか？

根性で起きたはいいものの、頭がボーッとして使いものになりません。

なんとかその日は、二度寝をせずに耐えたものの、何一つ仕事がはかどらなかったのです。

それどころか、会社に行っても二日酔い以上の不調で頭が働かないのです。

これでは早起きしても何のメリットもありません。

当然ながら3日と続かなかったのです。

その後も懲りずに朝型に変えようと何度もチャレンジしましたが、そのたびに挫折しました。

その時もやはり同じように、一気に2時間早く起きていました。

いきなり無理をしても体がついていかないのです。


新しい習慣を成功させるための秘訣として覚えておいてほしい言葉があります。

それは**「ベビーステップ」**という言葉です。

無理をせず、小さな一歩、比較的簡単なことから始めるといい、ということです。

ベビーステップという言葉を聞いたことがない人も、自然にやっているものです。

たとえば、なかなか勉強できないという人は「とりあえず机に座って問題集を開く」といったことや、ジョギングしようと思ってもなかなかできない人は「とりあえずシューズを履いて外に出る」といった行動がまさにベビーステップです。

どんなに小さなステップだとしても、一歩踏みだすことに意味があります。

机の前に座って問題集を開きさえすれば勉強が進みだしたりしますし、シューズを履いて外に出れば少しは走る気になります。

小さな行動が呼び水となり、けっこう行動できたりするのです。

どんなに根性がある人でも、いきなり2時間早く起きれば続きません。

長年の習慣というのは、そう簡単に変えられないのです。

「1日1分の早起き」なら、体は拒否できない！

早起きは「良さを知っていてもできないこと」の代表格です。

では、どのようにして早起きの習慣を身につければいいのでしょうか？

私からの提案は、まずは「30分の早起き」を目標にすることです。

たとえば、毎日7時30分に起きている人なら、いつもより30分早い7時に起きることを目指します。

それに慣れてきたら、6時30分、6時起床という具合に、徐々に時間を早めていっても構いませんが、くれぐれも無理をしないでください。

30分の早起きを確実に成功させるためにも、ベビーステップを採用することをお勧めします。

その方法とは、私がやったように「1日1分の早起き」をするということです。

「えっ！　たった1分でいいの？」と思うかもしれません。

1日1分だとしても5日後には5分、10日後には10分早起きすることが可能になります。

1ヵ月後には、キチンと30分の時間が手に入ります。

何をするにも一気に結果を出したがる人がいます。

その気持ちはわかりますが、千里の道も一歩からです。

どれほど遠大な道のりを歩むにしても、はじめの一歩から始まります。

みなさんには、最終的に「朝活マスター」になってほしいと思っています。

朝活マスターとは、「朝の2時間で仕事の8割を終える人」のことを言います。

朝活マスターの道は、この「1分」から始まるのです。

早起きは、ダイエット以上にリバウンド力が強く働きます。

今までのんびり寝ていた人が、さあ早起きするぞと決意しても、過去の私のように挫折して元に戻ります。

無理してリバウンドするくらいであれば、1日1分を積み重ねたほうが確実です。

人間には、「現状維持機能」というものが備わっています。

これをホメオスタシスと言い、新しい変化に抵抗し、いつも通りの生活パターンを維持しようとするのです。

人間の体にとって変化は危険であり脅威です。

それは早起きに対しても言えることです。

多くの人が早起きを始めても3日坊主で終わってしまうのは、現状維持機能によりストップがかかるからです。

根性がないとか、体質だとかということではないのです。

しかし、さすがの現状維持機能も1日1分では気がつきません。

ここに朝活成功の秘訣があるのです。

新しい習慣は、時間をかけてじっくり取り組む

現状維持機能は、潜在意識と密接に結びついています。

人の意識には、顕在《けんざい》意識と潜在《せんざい》意識があるのはご存知でしょう。

よく氷山の一角として表現されますが、〝顕在意識1割、潜在意識9割〟といった比率になります。

この比率は文献によって多少異なりますが、とにかく自分で意識できている顕在意識より、無意識の潜在意識のほうがはるかに大きな力を持っているということです。

しかも潜在意識は、影響力があるうえに扱いが難しいのです。

自分の思い通りに動いてくれません。

たとえば、朝活を始めたとします。

頭では、これは「自分にとってプラスである」とわかりきっています。

しかし、潜在意識は《あれ？　いつもと違うぞ。止めないと》と判断してしまいます。

自分の意志とはうらはらにブレーキがかかり、《こんな無理をして早く起きる必要はない》という気になり、無意識に止めにかかってしまうのです。

もちろん潜在意識に悪気があるわけではありません。

ご主人である肉体を守ろうと、新しい習慣にストップをかけるのですから。

朝活成功のためには、この壁を乗り越えなくてはなりません。

先ほどお話しした通り、**1日1分であれば潜在意識も脅威だと判断しません。**

そもそも1分なら誤差の範囲内ですし、新しい習慣だとは気がつかないのです。

この隙をついて1日1分を積み重ねていきます。

そうすることで、いつの間にか30分の時間ができているのです。

習慣化してしまえばこっちのものです。

こうなれば、今度は30分早く起きるのが通常になり、寝坊することのほうが異常になります。

逆に、その習慣を止めようとすると、《毎日続けているんだから》と、やらないと気持ち悪く感じるようになります。

今度は、潜在意識がいい習慣を続けようとアシストしてくれるのです。

潜在意識とは、いわば「とっつきは悪いが、一度打ち解けると良くしてくれる頑固な職人さん」のような感じです。

味方になれば強い存在になります。

30分の朝の時間を作るためには30日間かかります。

このくらいじっくり取り組むことが大切なのです。

早起きを成功させる潜在意識の使い方

潜在意識について、もう一つ知っておいてほしいことがあります。

潜在意識は〝望んでいることを現実化させようとする〟という機能があります。

指令を出せば、主人の夢を叶えさせようと、あらゆる情報を集めてくれます。

ただし、この機能も扱い方に注意が必要です。

使い方を誤ると逆に作用してしまうからです。

たとえば、《明日は寝坊しないようにしたい》と思ったとします。

潜在意識は〝否定形を認識できない〟という特徴があります。

主人がインプットした〝寝坊したくない〟という言葉は、〝寝坊〟というキーワードだけが脳に深く刻まれます。

すると潜在意識は《これは寝坊を望んでいるのだな》と判断し、実現させてしまうのです。

私はゴルフをするのですが、「絶対に池に入れないように」と思えば思うほどミスをして、見事に池に入れてしまうものです。

とにかく潜在意識は便利で強力な味方ですが、使い方に気をつけなくてはなりません。


では、どうすればいいのでしょうか？

一つの方法として、潜在意識が勘違いしないように、否定形の言葉を避けて、実現したいことを〝見える化〟しておくことです。

具体的には、早起きについての目標を手帳やスマホのメモに書いておくのです。

たとえば、

・朝は気持ち良くスカッと起きられる
・朝から脳も体も動く
・私は朝に強い

といった感じです。
しっかり文字にしておき、何度も繰り返し見るようにします。
何度も何度も正しくインプットされれば《あぁ、こっちを望んでいるのか、よし！ 手助けするぞ》と味方になってくれます。

常に目につくようにパソコンの待ち受け画面にするのもお勧めです。
1日に5回、10回と正しくインプットすれば、潜在意識は勘違いしなくなります。
スマホなどでも構いません。
とにかく見る回数が多ければ多いほど、正しい命令が脳にインプットされていきます。
そうすればスムーズに現実化するのです。

潜在意識は不器用ですが、力強い味方であることは間違いありません。
正しい指令がインプットされた時、朝活は間違いなく成功します。

目標を4分割することでモチベーションが上がる

目標として30分早く起きることを習慣化させてほしいのですが、そこに至るまでは5分、10分、20分、30分と分けて目標を設定するようにしましょう。

このように目標を4分割することで、朝活へのモチベーションが維持できます。

ここで注意点があります。

この段階では、目標は「仕事に役立つから」とか「自分のためになるから」といって、勉強やツラい運動などを設定しないようにしてください。

ここでの目標には、ご褒美的な楽しいことを選びましょう。

その理由は、はじめのステップとして習慣化することを最優先させたいからです。

あなたも子どもの頃、「遠足の日は目覚めが良かった」という経験があると思います。大人になると「旅行やゴルフの日だけはスカッと目覚められる」という感じでしょうか。どういうわけか朝が弱い人も、翌日に楽しい予定がある日は気持ち良く目覚められるものです。

とにかく体が慣れるまでは、自分が好きなこと、気持ちがいいことを紙に書いて見える化してください。

なかなか思いつかないという人は、第１章に載せた「朝活でしてほしいことベスト５～プライベート編」を参考にしてみてください。

もっと手軽で楽しい気分になる目標でもいいでしょう。

５分、10分、20分、30分と朝の時間ができたら何をしたいかという目標を立ててください。

たとえば、

・５分……好きな飲み物（コーヒー、ハーブティー、タピオカミルクティー）を味わって飲む

・10分……スイーツを食べる
・20分……朝シャワー、スマホゲーム
・30分……好きな本を読む、趣味の時間として使う

といった感じです。

くれぐれも欲を出して、仕事に関する目標を設定しないようにしてください。

体は正直で、少しでも「明日起きるのが嫌だなあ」と感じられれば、習慣化は難しくなります。

30分早起きできるようなり、十分習慣化したと感じたら、より本来の朝活の目的に近いものにバージョンアップしても構いません。

でも、朝活が習慣化しても、無理はしないようにしてください。

30分まるまる仕事関係ではなく、半分は楽しみにしてもいいでしょう。

まだまだリバウンドの危険性があるということを忘れないでほしいのです。

「起きなきゃ」を「起きたい」に変えるコツ

朝活に失敗した人から「起きなきゃならない」という気持ちでは、なかなか習慣化できない、といった話を聞きます。

義務感だけでは難しいのです。

はじめこそ強い気持ちで続けていた人も、「今日はちょっと風邪ぎみだ」とか、「昨日は飲みすぎたから」といった理由を作りだすようになります。

こうしてせっかく身についた朝活の習慣が崩れていき、結局、元に戻ってしまうのです。

朝活の習慣を長く続けるには、「起きなきゃいけない」ではなく、「起きたい」にしなくてはなりません。

そのために、楽しみを朝イチに持っていくといいのです。

私のようにブログを書くことが好きな人は、「朝起きてすぐブログを書く」というのでもいいでしょう。

またスイーツを食べるのが好きな人であれば、「朝スイーツ」でもかまいません。

ポイントとしては、朝以外の時間にそれをしないことです。

「朝しかできないという状況を作る」ことが大切なのです。

私は朝しかブログを書きません。

時々、「今すぐこんなネタを書きたいな」とウズウズすることもありますが、忘れないようにメモだけして、そこはグッと耐えて我慢をします。

時には寝る前から「早く明日にならないかなぁ」などと思うこともあります。

そして翌日になったら、がばっと起きてブログを書くのです。

私の知り合いの女性に、寝る前に食べると太るので、朝起きてスイーツを食べるという人がいます。

朝以外は我慢しているため、朝になるのが待ち遠しいそうです。

スイーツを食べることが起きるためのモチベーションとなっているので、スカッと目覚められると言います。

このように、**自分が一番好きなことを朝に持っていくと格段に目が覚めやすくなります。**

あなたが好きなこと、早起きしてまでやりたいことは何でしょうか？

ここで、いくつかリストアップしてみましょう。

その中から１つ選び、それを朝だけするように限定するのです。

「起きなきゃいけない」ではなく、「起きたい」に変えれば、どんなに怠けグセがある人でも楽に習慣化できるようになります。

「早く明日にならないかなぁ」とソワソワしながら寝る気持ち良さ、そして翌日ワクワクして目覚める爽快感をぜひ味わってください。

朝の余裕が、本来の能力をフルに引きだしてくれる

朝活というと「朝早く起きて好きなことや仕事をバリバリする」といったイメージがあるでしょう。

もちろんそうなのですが、なかには「何をしたらいいのかわからない」という人もいるかもしれません。

そういった人でも朝活をする意味がありますし、十分なメリットを感じていただけます。第1章で紹介した「30分早起きで人生が変わった営業マン」のように、早く起きて時間的余裕を持つだけで、仕事のパフォーマンスは格段に上がるのです。

パフォーマンスが上がるというより、**本来持っている力をフルに発揮できるといったイメージのほうが近い**かもしれません。

時間的余裕がない状態では、人は自分が本来持っている力を十分に発揮できなくなります。

私はこれを、嫌というほど味わってきました。

夜型の生活をしていた時代のことです。

常に時間ギリギリの生活をしていました。

通勤では始業時間のそれこそ1分、1秒前に会社に着いていましたし、仕事に関しても締切ギリギリです。

時間的余裕がないため、あせって空回りしてしまいます。

仕事は遅く、ミスばかりしていたのです。

さらには冷静な判断もできなくなります。

どう考えても不利な選択をし「なんであんなことをしてしまったのだろう」と後悔ばかりしていました。

当時の私は、自分のことを「なんてバカなんだ！」と嘆いていたのです。


それからしばらくして、私は朝の時間を利用し、会社に30分早く向かうようにしました。

もちろん、ただ早く出社するだけではなく、やれる仕事をしていました。

仕事をしたことより、はるかに大きい効果を感じたのは、イライラすることが減り、物事がスムーズに進んだことです。

あせってギリギリに仕事をする時代とは大違いでした。

今から思えば、早く出社している時点で勝負がついていたのでしょう。


まず、余裕を持ってスタートを切った時点で「今日は頑張るぞ」と前向きになりますし、軽い仕事を1つしただけでも「もうひと仕事をやったぞ」といった優越感も味わえます。

さらに、余裕ができると、まわりの人にも優しく接することができます。

まわりから気持ち良く協力してもらえるようになり、ますますうまく行くようになりま

した。

時間的余裕があれば、自分のパフォーマンスを十分に発揮できるという経験をしてきたのです。

時間的余裕が、あなたの人生を豊かにします。

よく「子どもの頃の1年は長く感じていたが、大人になるとあっという間に過ぎてしまう」という話を聞きます。

この一つの理由として、大人はやらなくてはいけないと思っていることが多いわりに、それが予定通りに終わらず時間が足りないと感じているからです。

そのため、あっという間に時間が経ってしまうように感じるのです。

同じ24時間でも、時間に追われたギリギリの生活ではパフォーマンスを十分発揮できませんし、何より1日を楽しめません。

みなさんには「1日中イライラして、しかも結果が出ない」なんていう日々を送ってほしくないのです。

まずは朝活で自由な時間を手に入れてみてください。

それから余裕を持ってやることを考えてもいいのです。

次の章では、朝活を成功させるために知っておきたい、体と脳のメカニズムについてお話しします。

より楽に朝活が習慣化するための知識をわかりやすく紹介します。

このメカニズムを知ることで「なぜ今まで朝活に挫折したのか」ということや、「どの時間帯にどんな仕事をすればいいのか」がよく理解できるはずです。

第２章まとめ

●まずは「30分早く起きる」ことを目標にする。

●朝の２時間で仕事の８割を終わらせる人を目指す。

●一番好きなこと、やりたいことを朝の楽しみに持っていく。

●仕事は朝、余裕を持ってスタートが切れた時点で勝負がつく。

第3章

朝を有効に使いきるコツは、この体のメカニズムを知ること

◇脳の3つのサイクルで、
自分史上最高のパフォーマンスが発揮できる

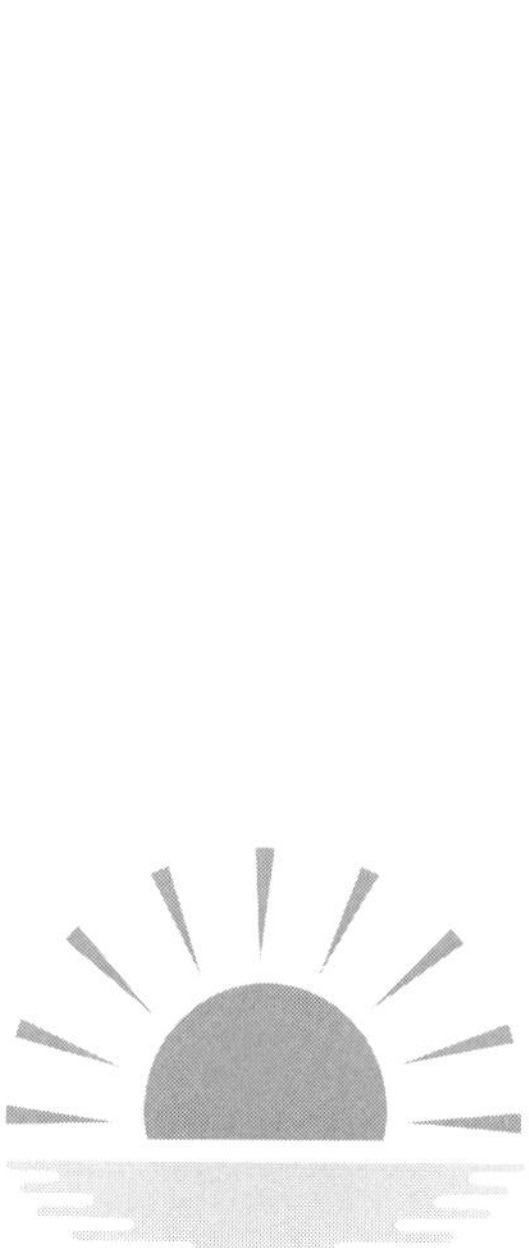

人の体は、一日3つのサイクルで動いている

朝活の目的は、単純に朝早く起きることではありません。

爽やかに活動できる状態にならなければ、早起きしても無駄になります。

起きた後、半分寝た状態で生産性が上がらないのでは意味がないのです。

そのために、ぜひ知っておいていただきたいことがあります。

それは、**「人の体は、一日3つのサイクルで動いている」**ということです。

健康やダイエットに詳しい人は、すでに知っているかもしれませんね。

私はこのサイクルを知った時、「なるほど、だから今まで頭が働かなかったんだな」と心底納得しました。

医者レベルまで詳しくなる必要はありませんが、体のメカニズムを知っておいて損はありません。

これから先の話を読んでいただくと「あぁ、だから朝が弱かったんだな」と納得できる

でしょうし、無理なく脳と体を動かせるコツも理解できます。

さて、その**3つのサイクルですが、人間は8時間ごとに排泄、摂取、吸収という3つの時間帯で回っています。**

どの時間帯でも排泄、摂取、吸収はある程度は行われているのですが、それぞれに適した時間帯、得意な時間帯があるのです。

1 排泄のサイクル

朝の4時から12時くらいまでの時間帯で、排泄する機能がもっとも効率良く促進されます。

2 摂取のサイクル

12時から夜の20時くらいまでの間が、食べ物を取り入れて消化する機能がもっとも効率良く促進されます。

体と脳の3つのサイクル（24時間時計）

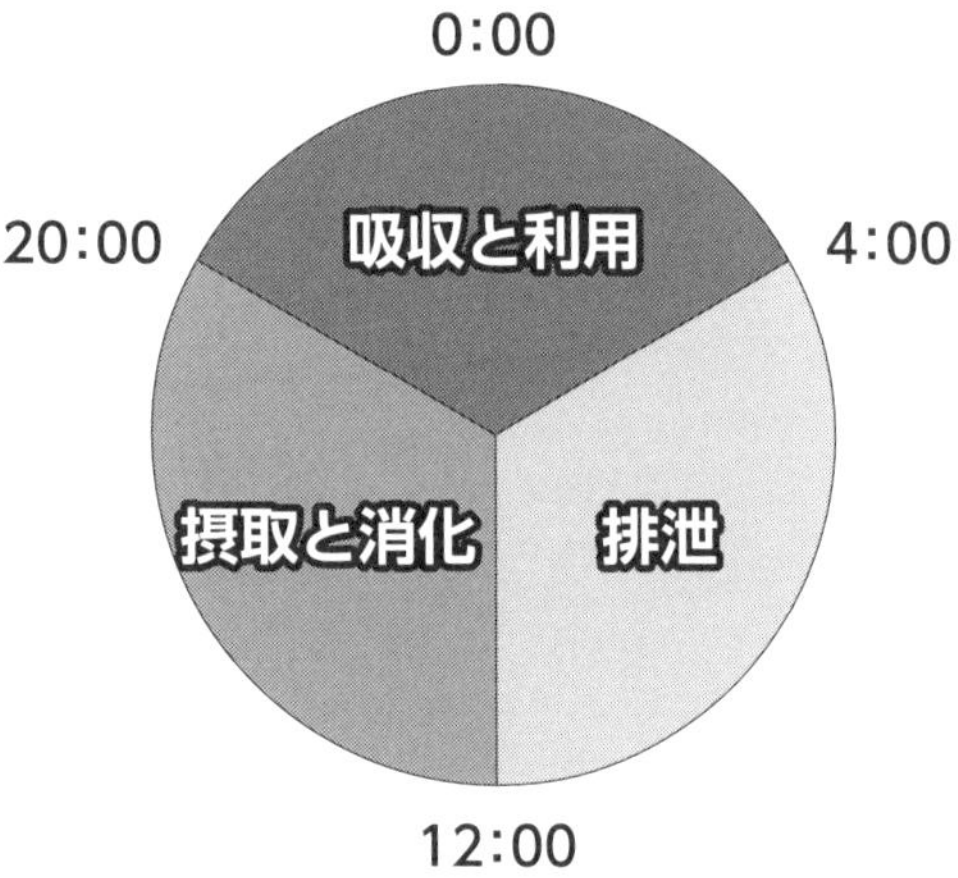

3 吸収のサイクル

20時から朝の4時くらいまでの間が、食べ物の栄養を吸収して利用する機能がもっとも効率良く促進されます。

この3つのサイクルにもとづいて、何時に何をどう食べるかで、体のパフォーマンスは大きく変わってきます。

そして、このことは、食べ物の消化・吸収・排泄に関してだけでなく、脳の働きについても同じことが言えます。

それを仕事に応用するといいのです。

といっても、そんなに難しい話ではありません。

たとえば、朝4時から12時までは排泄の時間帯ですから、得た知識を出す行為、つまり情報をアウトプットする時間にあてるといった感じです。

同じく昼の12時から20時までは摂取の時間帯ですから、情報をインプットする時間にあてるといいでしょう。

この後詳しく説明しますが、これを知るか知らないかで、脳のパフォーマンスは大違いになります。

限られた時間で結果を出すために、必ず役に立ちます。

ぜひ取り入れてほしいのです。

私はこのサイクルに合わせた仕事をするようになってから、仕事の処理スピードが飛躍的に上がりました。

みなさんのまわりにも仕事が山ほどあるにもかかわらず、サッと仕上げ、涼しい顔で「お先に」と定時に帰っていく人がいないでしょうか？

成績も良く、資料作成や事務作業もミスがほとんどありません。

こういった人たちは意識的、もしくは無意識的に人間に備わっている体のサイクルをうまく利用しているのです。

朝活マスターになるためには、この知識が必要です。仕事で何倍ものパフォーマンスを発揮するため、ぜひあなたもこれを知り、使っていただきたいと思っています。

では、この後3つのサイクルを実際に活用するための具体的な方法を一つひとつ詳しく説明します。

1つ目のサイクル「アウトプットの時間」〜朝4時から12時

まずは、3つのサイクルの1つ目をご紹介します。

朝4時から12時までの時間帯です。

この時間帯を「アウトプットの時間」と呼んでいます。

主に排泄が活発に行われ、老廃物を体の外に出す時間帯になります。

3つのサイクルの中でも最も重要な時間帯であり、この時間をうまく使えるかどうかが、

限られた時間の中で自分の能力を有効に発揮できるかどうかの別れ道になるのです。


朝4時から12時までは、脳から何かを出す時間に向いていると考えられます。

ということは、仕事で言えば、

・企画書を作成する
・文章を考える
・提案書、見積書を作成する

といったクリエイティブワークの仕事にあてるといいのです。

アウトプットの時間帯は、とくに文章関係の仕事がはかどります。

4時から2時間くらいは、とくに威力があります。

私はこの時間に文章を書いていますが、とても気持ちが良く、筆が進みます。

前に、朝は体感的に4～5倍の効率とお話ししましたが、実際のところ、私はそれ以上に感じています。

本心で言えば、この効果を人に教えたくないほどのパフォーマンスを発揮できるのです。

ここで私がこの時間帯に行っている仕事をご紹介します。

・ブログを365日、毎日更新している
・本を執筆中は、原稿を書く（現在までに60冊出版）
・連載原稿を月に5～7本
・メルマガ×2誌、ミニマグ（週一、隔週）を10年以上続けている
・セミナー、研修資料の作成（年に50回以上）
・大学の授業（毎週月曜日）の配布物作成、採点
・通信講座の会員へのメール相談の返信

などなど。
日によって仕事量は違いますが、自分でも驚くほどの仕事ができます。
繰り返しになりますが、私はいたって普通の人間です。
ＩＱも平均的なレベルですし、運動能力も人並みです。

そんな普通の私がこれほどまでアウトプットできるのは、まさにこの排泄＝アウトプットの時間帯をフル活用しているからなのです。

とにかく、４時からの２時間けものすごい威力のある時間帯です。

６時でも早いと思っている人は、「４時起きなんてとんでもない！」と思うかもしれません。

もちろん、無理はしなくていいんです。

ただ、こういった凄い時間帯が存在している、ということだけは頭に入れておいてください。

今すぐにとは言いませんが、将来はぜひこの時間をみなさんにも活用してほしいと思っています。

「夜のほうが落ち着いて仕事ができる」の勘違い

時間術の研修では、「朝の４時から12時までの間にクリエイティブワークをしてください」といった話をします。

このような話をすると、「午前中は何かと忙しいし、夜のほうが落ち着いてゆっくり考えられていい」という人が必ず出てきます。

実際に、執筆やデザインなどのクリエイティブな発想が必要な作業は、深夜にたっぷりと時間をかけて行ったほうがうまくいくという人もいるでしょう。

それでも、クリエイティブワークはアウトプットの時間帯にしてほしいのです。


理由は2つあります。

1つは、脳が睡眠によって十分な休息を取ったすぐ後の時間帯は、疲れもなく頭が冴えているからです。

これが、昼→夕方→夜になったらどうでしょうか？

お客様やクライアント、パートナー会社とやりとりをしたり、一日中メールに返信したりと活動するため、疲れが出てきます。

時間が経てば経つほど、脳が疲労して、頭の回転はどんどん悪くなっていきます。

どんなに暇な日だとしても、情報はどこからともなく入ってきます。

読者限定無料

プレゼントを

ゲットして

朝活を成功させよう！

詳しくは裏面へ

朝30分早く起きるだけで
仕事も人生もうまく回りだす

読者限定　無料プレゼント

ご購入いただいた方に感謝の気持ちを込めて
本書ではご紹介できなかった㊙ノウハウを
プレゼントいたします。
1日おきに朝活を後押しする知恵を6つ、12日間に分けて
メールにてお送りさせていただきます。
ぜひお役立てください。

▶アクセスはこちらへ◀

「朝30分早く起きるだけで仕事も人生もうまく回りだす」
読者限定プレゼント

https://1lejend.com/stepmail/kd.php?no=alvakA

表示されたお申し込みフォームに
下記のパスワードを入力して
プレゼントを手に入れてください

【473072】

１日中、いろいろなことを考えたり、人と話をしたり、情報収集をしたりして、脳が疲労を抱えた状態でアウトプットしても効率も悪いですし、ミスも多くなるのです。

そしてもう１つの理由は、**夜は時間がたっぷりあるように錯覚してしまう**からです。

仕事が進まないまま３時間も経ってしまった、なんていう経験をしたことがないでしょうか？

時間をかけてもいいものはできないのです。

朝は、これから１日が始まる時です。

始業前なら「あと15分で形にする」と、自然にリミットが設定されます。

後ろになんの予定がなかったとしても、ダラダラと無駄に１つの仕事に時間をかけてしまうようなことにはなりにくいのです。

タイムリミットを感じられるということは、それだけ集中力も上がるということです。

「夜のほうが落ち着いて仕事ができる」というのは、長年の習慣がそう思わせているだけで、実際は朝のアウトプットの時間帯のほうが何倍も効率がいいのです。

できる人は、午前中に仕事の8割を終わらせる

多くの人は、アウトプットの時間の重要性に気がついていません。

作業効率のいいアウトプットの時間帯に、ほとんど頭を使わずにできる仕事をしている人も多くいます。

考えなくてもできるような作業は、他の時間帯に回しても作業効率はそれほど大きくは変わりません。

しかし、アウトプット系の仕事をこの時間にせずに、他の時間帯に回してしまうと、朝に比べて格段に作業効率が下がってしまいます。

お客様とのアポイントやミーティングなどでどうしてもできない時以外は、極力この時間帯にやってしまいましょう。

かくいう私も、ダメ営業マンだった頃は、このサイクルを完全に無視して行動していま

した。

9時始業の会社だったのですが、仕事をなかなか始めません。朝のミーティングが終わったら、ゆっくりコーヒーを飲みながら、新聞やネットを眺め始めます。

結局11時近くになってから、やっと行動していたのです。

お客様への提案書の作成や会社への提出書類の作成など、やることがたくさんあるにもかかわらず、「目が覚めていないから、午前中はウォーミングアップだ」などと、自分を正当化しながら時間を無駄にしていたのです。

そして、自分に「夜になればやる気になるだろう」などと過度に期待していました。

実際はそんなことはありません。

夜になれば別の仕事が入りますし、一日の疲れも出てきて、やる気が今以上になくなったものでした。

アウトプットの時間は、「1分も無駄にしない」という気持ちで仕事に取り組むようにしましょう。

目標としては、この時間帯に8割の仕事を終わらせることです。

とくにクリエイティブワーク（文章作成、提案書作成、企画書作成）などの頭を使う仕事を終わらせてしまうのです。

今時のできる人は、この時間で仕事をスパッと終わらせ、その後はゆっくりとランチで仲間と情報交換をします。

そして、気分を切り替えて午後の「インプットの時間」に臨むのです。

2つ目のサイクル「インプットの時間」～12時から20時

2つの目のサイクルは、12時から20時までです。

この時間帯を「インプットの時間」と呼んでいます。

体のサイクルで言えば、摂取の時間となり、栄養物などを体内に取り入れる時間帯になります。

頭から出す仕事を「アウトプットの時間」、頭に入れる仕事を「インプットの時間」と分けて考えると理解が早いでしょう。

体は栄養物を積極的に取り入れる時間帯ですから、情報をどんどん取り入れるといいのです。

仕事で言えば、

・お客様との商談
・ネットで情報収集
・スタッフや仕事関係の人と交流

などにマッチした時間帯と言えます。

午後になると多少疲れが出てくるため、デスクにしがみついているのではなく、どんどん行動して情報を取り入れるのです。

相手の都合もありますが、商談などのアポイントもこの時間帯のほうがベストです。

ランチタイムで十分にリラックスした後は、お腹もいっぱいになり、アウトプットの時間と比較して仕事の効率は落ちていきます。

みなさんにも経験があると思いますが、飲みすぎで寝不足の時でも、午前中だけなら気合で何とか乗り越えられるものです。

しかし、ランチを食べた途端、恐ろしいほどの眠気に襲われます。

飲みすぎ、食べすぎでなくても、とにかく午前中のうちに頭を使う仕事をしてしまうことが理想です。

体力も集中力もあるアウトプットの時間帯に、頭を使うクリエイティブワークを終わらせることで、時間的にだけではなく精神的にも余裕が生まれます。

この状態で商談に向かえば、うまく行きそうな感じがしませんか?

できる人はこのサイクルで活動をしているから、いい結果を出せるのです。

気持ちに余裕を持ってインプットの時間に臨めることは、とても大切なことです。

重要な仕事さえ終わってしまえば、インプットの時間のほとんどを「自由な時間」として終業時間まで過ごすことも可能なのです。

こうなれば、仕事は今よりもっと楽しくなりますし、何倍も結果が出せるようになります。

時間や手間がかかる作業は、インプットの時間に

最初のうちは、アウトプットの時間内に重要な仕事を終わらせてしまうというのは、難しく思えるかもしれません。

しかし、それも思い込みです。

慣れていけば、すぐにできるようになります。

まずは自分の仕事の内容を見て、**「頭を使う仕事」と「そうでない仕事」に分ける**ところから始めてみてください。

あなたの1日の仕事は、必ずしも頭を使う仕事や重要な仕事ばかりではないはずです。時間や手間がかかる作業や、比較的頭を使わない単純作業も多く存在するでしょう。

たとえば次のようなものです。

・銀行などに行く

・資料や雑誌で調べものをする
・実際の現場を確認するために出かける
・書類上の手続きや郵便物を発送する
・定期的な事務処理や書類を作成する
・すでに何回もやったことのある定番化した作業をする

などなど。

こういった作業は、移動時間などを含めると、かなり時間を取られる仕事です。場合によっては、2時間も3時間もかかることがあるかもしれません。

このような比較的頭を使わない作業、同じことを繰り返すような作業は、この時間帯にやるといいでしょう。

ここまでの復習をします。

頭を使う仕事はアウトプットの時間、時間や手間がかかる仕事や単純作業はインプットの時間と分けるだけでも、相当の時間短縮が可能になります。

やってみれば体感してもらえると思いますが、さらにこれには、時間短縮以上の効果があります。

精神衛生上も、そのほうがいいのです。

重要な仕事が残っている状態で、時間や手間がかかる仕事や単純作業をやることは、精神的に良くありません。

やるべきことがどんどん先送りになり、ストレスが溜まってしまいます。しまいには、優先順位がわからなくなってしまうのです。

インプットの時間に気持ちに余裕を持って仕事をできるようにすることが、自由な時間を生みだす最大の秘訣になるのです。

３つ目のサイクル「アブソーブの時間」〜20時から朝４時

３つ目のサイクルは、20時から朝４時までです。この時間帯を「アブソーブの時間」と呼んでいます。

アブソーブとは、「摂取したものを吸収する、吸い上げる」といった意味になります。体のサイクルで言うと、吸収の時間帯になり、食べたものを体にアブソーブしていく時間になります。

仕事で言えば、1日を通して集めた情報が頭に吸収されていく時間帯です。

吸収されていく時間帯に何かを出そうとするのは、生物学的に考えても効率が悪くなることはおわかりになるでしょう。

この体の仕組みを知れば、夜20時以降の資料作りがどれだけミスマッチで、時間を浪費するかがよくわかると思います。

今すぐに習慣を変えることはできないかもしれませんが、徐々にこの時間のクリエイティブワークをやめるようにしてください。

今まで、アウトプットの時間、インプットの時間と説明してきました。

朝早く起きて前倒しで仕事をするわけは、このアブソーブの時間に仕事をすることなく、リラックスタイムにしてほしいからです。

この時間帯はゆっくりくつろぎながら情報を整理したり、今日一日を振り返ったりする

時間に使ったほうがいいのです。

この時間を仕事にあてている人は、仕事を徐々に前倒しにして、20時にはすべての仕事を終えるようにしましょう。

最終的には、脳と体をもっとも回復させてくれる睡眠ゴールデンタイム（22時から深夜2時）に寝てください。

朝活をしていれば、自然に仕事が前倒しになり、徐々に寝る時間が早まっていきます。

言うまでもありませんが、睡眠は非常に重要です。

あなたが寝ている間、脳の中では、その日に学んだ情報が整理され、短期記憶から長期記憶に移されます。

その日に学んだことを、脳が使えるように整理してくれるのです。

人は毎日数えきれない情報を取り入れますが、どの情報を覚えておくべきかを脳が選択するのは睡眠中のことです。

アブソーブの時間帯の仕事は、徐々に減らしていきましょう。

リラックスして、いい睡眠に備えてください。

そうすれば自然に翌日目覚め、気持ち良く朝活ができるようになります。

第３章まとめ

●体と脳の３つのサイクルに合わせた仕事をすることで、仕事の処理スピードが加速度的に上がる。

●朝４～12時までのアウトプットの時間帯は、集中的にクリエイティブな仕事をする。

●時間や手間がかかる仕事・単純作業は、午後のインプットの時間帯に行う。

●夜８時以降のアブソーブの時間帯までにはすべての仕事を終わらせる。

第4章

朝の黄金時間がより効率的に使える、便利ツール利用法

◇〝スマホアプリ〟や〝やる気アップの仕掛け〟は強力な武器になる

朝を有効に使いたいなら、アプリ・ツールを活用しよう

朝活成功のために、なにも自分の力だけで頑張る必要はありません。

朝活のプロになるのが目的ではなく、仕事を効率よくこなし、定時の中で結果を出し、自由に使える時間を生みだすことが本当の目的です。

便利なスマホ用アプリやツールがたくさん出ていますから、これを利用しない手はありません。

どんどん活用していきましょう。

以前、知人から「とにかくスマートウォッチがいいんだよ」と教えてもらったことがありました。

さっそく私の父親にプレゼントしようと、ネットサイトを見ました。

値段は高いものから安いものまでピンキリですが、中間くらいのスマートウォッチを購

入しました。

使い方を説明するために、１週間ほど自分で使ってみることにしました。

心拍数計や歩数計から始まり、ＳＮＳの着信を知らせる機能などもついています。

その機能の中でも、睡眠記録の機能はスゴイです。

睡眠記録は一晩ごとの睡眠質量を記録し、ノンレム睡眠時間が何時間何分、レム睡眠時間が何時間何分と表示されます。

また、目覚まし機能をセットすれば、自分が起きたい時間から30分前までの、比較的起きやすい時間を測定し、起こしてくれる機能もあるのです。

朝弱いと感じている人にとっては心強いツールになります。

こういったツールはたくさん出ているので、探してみるのもいいでしょう。

また今は、どんなものでも便利なスマホ用アプリが存在しています。

それも無料なので、本当に便利な時代になりました。

まずはアップストアやＧｏｏｇｌｅ Ｐｌａｙストアで、「睡眠」「朝活」「目覚まし」「目覚め」などのキーワードで検索してみてください。

・目覚め改善アプリ
・睡眠改善アプリ
・ノンレム睡眠の時に起こしてくれる目覚ましアプリ
などなど、たくさん出てきます。

お好きなものをダウンロードして利用してみてください。

お勧めは、先のスマートウォッチの機能にもあった、「眠りの浅いレム睡眠時を狙ってアラーム」の機能がついている目覚ましアプリです。

私は「Ｓｌｅｅｐ　Ｃｙｃｌｅ　ＡＢ」というアプリ使っていますが、睡眠のデータも見られてゲーム感覚で楽しめて、とても便利です。

使い方は簡単で、翌日起きる時間をセットして画面を上にし、枕の横に置くだけです。

これで翌朝は気持ちよく目覚めることができます。

有料のサービスもありますが、無料の部分だけでも十分使えます。

人の睡眠は、レム睡眠（浅い眠り）とノンレム睡眠（深い眠り）の1セットを、だいたい90分間隔で繰り返します。

人間の体は、約90分周期で目が覚めるようにできているのです。

ということは4・5時間、6時間、7・5時間と、1・5時間刻みで目覚ましをセットすれば、スッキリ起きられるということになります。

ただその時間にピッタリ寝て、ピッタリ起きるのは難しいものです。

たとえば、90分周期に合わせて睡眠時間を設定する場合、日によって6時間ではちょっと足りないし、7・5時間では長すぎる、といったケースが出てきます。

その点アプリを使えば、目覚まし機能を起きたい時間に設定すると、その時間から30分前までの間で、もっとも眠りが浅いタイミングに目覚ましを鳴らして起こしてくれます。

こちらのほうが現実的でしょう。

便利なツールやアプリの力を借りて朝活を楽しみたいものです。

朝起きた時に「一瞬でモチベーションが上がる」工夫

朝起きた時は、ポジティブでもなくネガティブでもなくフラットな状態です。

たとえ悪夢を見て、最悪の気分で目覚めたとしても「あぁ、夢だったのかぁ」と認識した瞬間にフラットになるのです。

目覚めの瞬間にどう考えるかは非常に重要です。

その思考によって、その日がいい方向へ向かうのか、それとも悪い方向へ向かうのかが決まります。

研修先の社長とお会いした時のことです。

その社長の業界は衰退産業で、〝いかにも売れなさそう〟なジャンルの商品を扱っています。

どんな営業ノウハウを駆使しても、なかなか売るのは難しく感じます。

そんな中、結果を出して生き残っているのですから凄いことです。

社長は、朝早くから起きて活動しているのですが、その秘訣について**「ベッドサイドに一瞬でモチベーションが上がる言葉を貼っておく」**と言っていました。

どんな言葉ですかと質問すると、ちょっと照れながら「孫の世代まで安心して暮らせる貯金を作る！　と書いて貼っているんですよ」と教えてくれました。

これを朝起きた瞬間に見ると、一瞬でモチベーションが上がると言います。


じつは、これは私も以前から似たようなことをやっていました。

トップ営業マン時代は、「最高の一日にする」と書いて貼っていたのです。

当時は「最高だ」というのが口グセで、後輩の顔を見るたびに「今日も最高だろう？」と声をかけていました。

これを言うたびに気持ちが上がったものです。

とくに書く言葉が思いつかない人は、「最高の一日にする」と書いて貼ってみてはいかがでしょうか？

もし、**「朝の時間を活用して、もっと仕事で結果を出したい」という人は、仕事の目標**

を書いて貼ってもいいと思います。

目標達成型の人は、「最高の一日にする」というあいまいな目標を嫌うかもしれません。その場合は、具体的に「今月は5件の契約を取ってノルマを達成する」、もしくは「15日までに3本企画書を通す」といった内容でもいいのです。目にする回数が多ければ多いほど気持ちは盛り上がり、目標を達成する確率も上がっていきます。

とにかく「一瞬でモチベーションが上がる言葉」を書いて、ベッドサイドに貼りましょう。明日の朝から間違いなく、効果を実感できます。

「幸福のアンテナが立つ」朝イチのアファメーション効果

ソフトボールをやっていた時のことです。

守備の際、こちらに飛んでくるボールは見えているのに体が硬くて届かない、といったことが増えました。

これは悔しいものです。

そこで、ある時から「ヨガをやれば体が柔らかくなるかな」とヨガに興味を持つようになりました。

その途端、私のまわりにヨガをやっている人がたくさん出現し、チラシや雑誌でのヨガ特集を多く見かけるようになったのです。

私が興味を持った途端にヨガブームが到来したのでしょうか?

そんなことはありません。

私がヨガのアンテナを立てたからに過ぎません。

あなたは「脳幹網様体賦活系」という脳の部位を知っているでしょうか?

読み方は、〝のうかんもんようたいふかつけい〟です。

脳科学に詳しい人は知っているかもしれません。

この部位の主な機能は「自分にとって必要な情報だけを取り込む」といった働きです。

脳幹網様体賦活系は、指示すれば意識せずともどんどん情報を集めてくれるのです。

先のヨガの例で言えば、今までまわりにあったのに気づいていなかったヨガの様々な情報を、脳が勝手にキャッチしてくれるようになったわけです。

この機能は、どなたにももれなく備わっています。

せっかくの機能なので、これを朝活に使わない手はありません。

ただし、使い方には十分注意が必要です。

もし、朝起きて何気なく「あぁ、今日もロクなことがないんだろうなぁ」と思ったとします。

脳は素直にその情報を集めだします。

気がつけばネガティブ情報を集め、結果ロクなことが起きないのです。

そうではなく、朝起きた時に「今日はいいことがあるぞ」と思ったとします。

今度は、いいことが起こるための情報を集めてくれます。

幸福のアンテナが立てば、いいことが起こるようになるのです。

どちらが得なのかは言うまでもないでしょう。

そのためには、「朝起きた時に真っ先に言う言葉（アファメーション）」を決めましょう。

目覚めたらすぐに、「今日も最高な一日になりそうだ」とか、「今日はいいことがあるぞ」

と言うようにしてください。

先ほどお伝えしたように、紙に書いて貼っておいてもいいでしょう。

たったこれだけですが、気持ち良く目覚められます。

脳の機能は本当に凄いものです。

使い方に注意して、朝活にお役立てください。

二度寝を防ぐ、一番確実な方法

この本も後半に差しかかってきました。

今まではベビーステップで、比較的ハードルを下げた話をしてきました。

ここではちょっとだけ難易度を上げた方法をご紹介します。

私はブログや研修先などで朝活の大切さ、そしてその方法について伝えています。

私自身、この朝の時間から言い尽くせないほどの恩恵を受けており、なくてはならない時間です。

朝活の重要性について伝えると、「どうやっても起きられず、二度寝してしまう」という意見が出てきます。

また「朝目覚めるけれども、なかなか起きられない」とか、「ベッドから出られない」といった悩みもよく聞きます。


朝の起き方については、いろいろなやり方があります。

私も早起きが習慣になるまでは、様々な方法を試してみました。

たとえば、目覚ましが鳴ったら、「手首や足首を回し、徐々に体を動かしていく」といったやり方です。

これは、徐々に目覚められていい点もあるのですが、時々手首を回しながら寝てしまう失敗もありました。

また、オーディオなどのタイマーをセットして、比較的大きな音量の音楽で目覚めるという方法を試したこともあります。

この方法も初めのうちはいいのですが、徐々に音楽に慣れてしまい、聞きながら眠り込んでしまうのです。

さんざん試した結果、**一番いいのは「目覚めたら一気に起き上がる」**というやり方でした。

目覚ましが鳴り、意識が戻ったら、「起きるのがツライ」などと思う前にすぐに布団をはぎ、ベッドから出て、起き上がるのです。

これが、一番成功確率が高いのです。

研修先の営業マンは、目覚まし時計をベッドから離し、歩かないと止められないようにしているそうです。

さらに、目覚まし時計を止めに歩く途中の壁に、「一瞬でモチベーションが上がる言葉」を書いて壁に貼っているのです。

このようにしてから二度寝がなくなり、スッキリいい気分で起きられるようになったと言います。

「目覚めたら一気に起き上がる」＋「一瞬でモチベーションが上がる言葉」のハイブリッド、これは最強です。

朝起きたら、「目覚めの2杯の水」を飲む

私は目覚めてから、すぐに水を飲むようにしています。

水を飲むとキリッとして目が覚めます。

私は冷たい水が好きなので、1年中冷たいミネラルウォーターを飲んでいますが、お腹が弱いという人は常温、または温めて飲んでもいいでしょう。

寝ている間も体は働いているので、思っている以上の汗をかいています。

冬でも軽く汗はかきますし、呼吸からも水分が放出されています。

失われる水分は、平均約500ミリリットルと言われ、夏場などの多い時には1リットルにもなり、起きると体はカラカラになっています。

寝ている間に軽い脱水症状になっているのです。

脱水になれば、血液がドロドロ状態になって流れが悪くなり、脳への酸素の供給が悪く

なっていきます。

つまり頭が回らなくなるのです。

お正月の駅伝などで、ランナーがフラフラになり、走れなくなる姿を見たことがあるでしょう。

その原因は、練習不足で体力がなくなったのではなく、脱水症状で脳に酸素が行かなくなったからです。

朝起きたらまずは、睡眠中に失った水分を補給してください。

私のお勧めは、目覚めの１杯でなく「目覚めの２杯の水」です。

寝ている間に水分が５００ミリリットル失われるわけですから、コップ２杯（２５０ミリリットル×２）程度、飲んだほうがいいのです。

全身にくまなく水分が行き渡ることで、スッキリと体が目覚めます。

朝起きてもなかなかボーッとしていて頭が回らないという人は、ぜひ目覚めの２杯をお試しください。

仕事が忙しくなりそうな日こそ、朝にコレをする

今日は仕事が忙しい、体力的にしんどそうという日があったとします。

そんな日はどうしますか？

「できる限り体力を温存して仕事をするぞ」と思うでしょう。

朝から運動などしたら、疲れて仕事に支障が出るような感じがします。

しかし、じつは逆なんです。

軽い運動をしたほうが体全体に血液が回り、脳が活性化します。

結果、仕事がサクサク進むのです。

この事実を知っている人が増えてきました。

最近、身近で筋トレをしたり、ジョギングしたりと体を鍛えている人が増えていませんか？

私のまわりにもたくさんいます。

こういった人は見た目が若々しいのはもちろん、いきいき仕事をしていますし、仕事もうまくいっているものです。

その人たちに話を聞くと、「運動するようになってから体も仕事も調子がいい」といったことを話します。

やはり体が資本であり、自信の源になるのです。

これは私も実感しています。

私は、高崎市の早朝ソフトボールのリーグに入っています。

3月から11月末までやるのですが、ソフトボールのシーズンがスタートし、徐々に体ができ上がってくると、「よっし！　やるぞぉ」といった気持ちになってきます。

毎週土日の朝2時間程度、体を動かすのですが、その日は気持ちも前向きになります。

また、頭の回転も良くなり、仕事がはかどるのです。

時々、天気や仕事の関係で休みがちになると体脂肪も増え、体がなまってきます。

こうなると気持ちが乗ってきませんし、頭の回転も悪くなります。

つくづく〝体と心はつながっている〟と感じます。

私のように、朝2時間も運動する必要はありません。

以前、プロトレーナーに、どんな運動をすれば仕事の効率が良くなるのかと聞いたことがあるのですが、**「心拍数が上がれば何でもいい」**と教えてくれました。

外でジョギングをしてもいいですし、家の中で腕立て伏せや腹筋運動をしてもいいのです。

短時間で済ませたいなら、その場ダッシュを1分間するだけで、心臓の鼓動は速くなります。

心臓は、血液を送るポンプです。

激しくなれば体の隅々《すみずみ》に、そして脳に栄養と酸素が行き渡ります。

脳は栄養と酸素で動くわけですから、当然、仕事効率も良くなるのです。

短時間であれば体を動かす、鍛えるのは無駄な時間でありません。

忙しい日の朝に、5~10分程度の軽い運動をしてみてください。

そのほうが何倍も仕事がはかどるようになります。

朝をより有効に使えるようになる「TODOリスト」活用法

あなたは、「TODOリスト」を使っていますか？

TODOリストとは、アポイントや日常業務などの行うべきことを手帳などに記録しておくものです。

アプリを利用している人も多いでしょう。

TODOリスト使うことで、無駄に過ごす時間がなくなり、朝がより有効的に使えるようになります。

このTODOリストを、私は前日の夜に書いています。

ここで私が使っている、ノートを使ったシンプルなTODOリスト活用法をご紹介します。

簡単にできて、費用もほとんどかかりません。

自分にも役立ちそうだと思ったら、ぜひ試してみてください。

使い方を説明します。
まずＢ５サイズの大学ノートを用意します。
タブレットでも構いません。
半分を縦に折り返し、図のように左上半分を赤く囲みます。
そして次の４つの領域に分けるのです。

第１領域：緊急かつ重要
第２領域：緊急ではないが重要
第３領域：緊急だが重要ではない
第４領域：緊急でも重要でもない

赤で囲った第１領域に、【緊急かつ重要なこと】を書き入れます。
いわゆるマストの用事を記入するスペースです。
今日やるべき用事をリストアップしてください。

朝をより有効に活用する「ＴＯＤＯリスト」

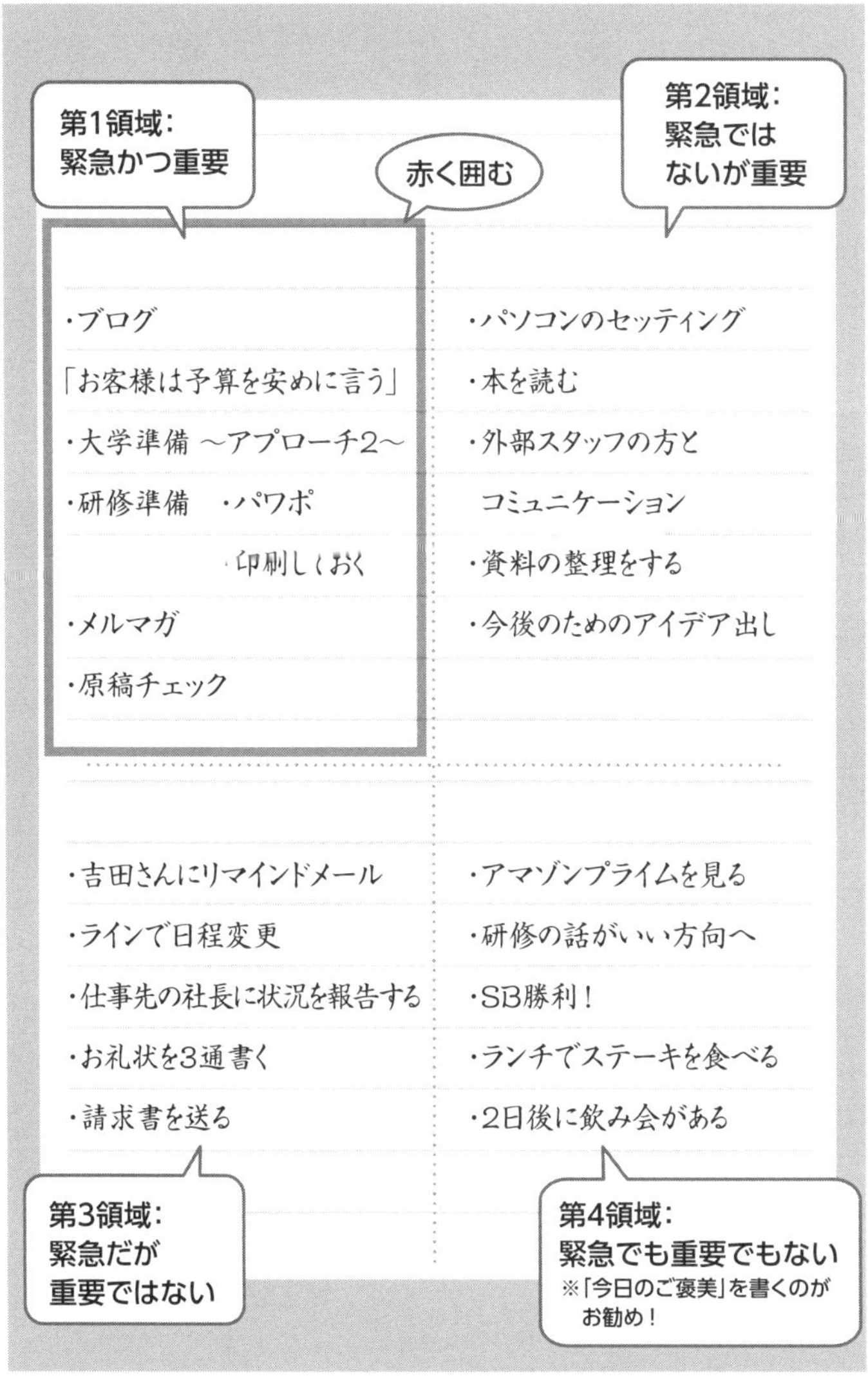
第1領域：
緊急かつ重要
赤く囲む
・ブログ
「お客様は予算を安めに言う」
・大学準備 ～アプローチ2～
・研修準備　・パワポ
・印刷しておく
・メルマガ
・原稿チェック
第2領域：
緊急では
ないが重要
・パソコンのセッティング
・本を読む
・外部スタッフの方と
コミュニケーション
・資料の整理をする
・今後のためのアイデア出し
・吉田さんにリマインドメール
・ラインで日程変更
・仕事先の社長に状況を報告する
・お礼状を3通書く
・請求書を送る
第3領域：
緊急だが
重要ではない
・アマゾンプライムを見る
・研修の話がいい方向へ
・SB勝利！
・ランチでステーキを食べる
・2日後に飲み会がある
第4領域：
緊急でも重要でもない
※「今日のご褒美」を書くのが
お勧め！

私は第2〜第4の領域を区切らず、だいたいのゾーンで分けて使っていますが、ハッキリ線で区切って使ってもOKです。

第2領域は【緊急ではないが重要なこと】を書きます。

将来のための勉強、会社でのコミュニケーションなどを書き入れてください。

ちなみに結果を出す人は、この領域の割合が多いと言われています。

第3領域は【緊急だが重要ではないこと】を書きます。

電話の折り返しやメールの返信など、ちょっとしたメモとして使います。

最後に第4領域ですが、ここには【緊急でも重要でもないこと】を書きます。

お勧めはここに、「今日のご褒美」を書くということです。

私は毎日このスペースに、ご褒美や気持ちが上がることを書いています。

ノートを見るたびにモチベーションが上がるのです。

似たようなことをトップ営業マンたちは行っています。

書き入れる順番としては、1日の予定を書く際、第1領域に「絶対にやるべきマスト事項」を書きだします。

その後、第4領域に朝活ができた時のご褒美を書きましょう。

・朝起きたらエクレアを食べる
・アマゾンプライムを見る
・スマホゲームをする

なんでもいいです。

そうすることで、朝活への気持ちも上がっていきます。

TODOリストの1日の予定にマストを書くだけでは面白くありませんし、ワクワク感がありません。

ぜひ、モチベーションが上がる行為を書き込むようにしましょう。

第４章まとめ

- スマホの睡眠改善アプリなどを活用して、気持ちのいい目覚めの工夫を。
- ベッドサイドに一瞬でモチベーションが上がる言葉を貼っておく。
- 朝起きて真っ先に言う前向きな言葉（アファメーション）を決めておく。
- 朝起きたらまずは水分補給。忙しい日の朝ほど5〜10分程度の軽い運動を。
- 朝をより有効に使うために、前の晩に「TODOリスト」を書いておく。

第5章

結果を出し続けている人は「前の夜」の使い方がうまい！

◇朝の目覚めを一変させる、食・酒・読書・睡眠…のちょっとした工夫

どんなに忙しくても、深夜残業・徹夜はしない！

あなたは、きっちり計画を立てて仕事をするタイプですか？

それとも、追い詰められてから仕事をするタイプでしょうか？

仕事が間に合わず、時々徹夜になってしまう、などという人もいるかもしれません。

多くの人は、**追い詰められるまで仕事をせず、時間ギリギリになってから手をつける、といったタイプ**ではないでしょうか。


こうした小学生時代の〝夏休みの宿題〟のようなやり方をしているならば、すぐに活動パターンを改めましょう。

朝活をすれば、遅い時間まで仕事をする必要がなくなります。

緊急時以外は仕方がないとして、徹夜は絶対にしないでほしいのです。

深夜まで仕事をしたり、徹夜をすると、生活リズムが一気に破壊されます。

私自身、たくさんの失敗経験があります。

ダメ営業マン時代には、深夜の2時、3時まで仕事をすることが当たり前でした。

お客様に「明日までに見積を頼む」と無理を言われ、徹夜をすることもよくありました。

徹夜して仕事が間に合ったのはいいものの、翌日は一日中睡魔に襲われて、頭がまったく働きません。

目を開けたまま寝ているような状態でした。

いくら前の日に150％の仕事をしても、翌日10％もできないのでは意味がありません。

さらにはそのダメージを引きずり、2、3日調子が出なかったものです。

よくよく考えれば、見積書を作成する時間は他にもありました。

やるべきことを期限ギリギリに先送りにしているから、そうなってしまうのです。

経験者の私だから断言できますが、ギリギリまで仕事を先延ばしにして、深夜まで、あるいは徹夜をしても、いいことは1つもないのです。

徹夜をするのではなく、朝活をしましょう。

そのほうが時間効率は何倍も良くなるのは、すでに述べた通りです。

また、**仕事を1日単位で見るのではなく、3日、1週間と中長期な視点を持って考えるようにして、できる限り一定のペースで仕事をすることを心がけてください。**

朝活時間を利用して、毎日バランス良く仕事をすることがもっとも効率が良く、生産性も上がります。

仕事の効率が良くなるだけでなく、体もいい状態に保てるのです。

仕事のパフォーマンスは、体のコンディションで決まります。

徹夜は、今まであなたが努力して積み上げた朝活のいいリズムを一気にぶち壊します。

朝を有効に活用して仕事効率を高めるためには、その日限りの無理をするという時間の使い方は、絶対に避けてください。

寝る時間の長さより、「睡眠の質」を向上させる工夫を

朝活はその日の朝ではなく、「前の日の夜」に決まります。

徹夜は言うまでもありませんが、深夜2時3時まで起きていたらどうなるでしょうか？

どんなに根性がある人でも翌日はスムーズに起きられませんし、起きたとしても頭が働かず、朝の時間の有効活用どころではありません。

朝活は、前の日からスタートしているのです。


だからといって、子どものように早く寝なさいと言っているわけではありません。

誰だって夜の9時に寝れば、朝の4時30分には起きられるでしょう。

たいていの大人は、7・5時間も寝れば十分ですから。

「前日の夜早く寝て、翌朝早く起きてスカッと朝活する」といったことができるのなら、それが理想です。

ただ、現実的に夜の9時に寝るのは難しいものです。

仕事があるでしょうし、家族とも一緒に過ごしたいでしょう。

であれば、**寝る時間の長さより、睡眠の質を向上させることを考えたほうが現実的です。**

あなたも長時間寝たのにもかかわらず、「今日は何か目覚めが悪い」と感じることがありませんか？

それとは逆に、短時間しか寝ていないのに「今日はスッキリ起きられた」などという日もあると思います。

その原因を知っているでしょうか?

いい睡眠が取れるかどうかは、その日のコンディション次第でしかない、と考えるのはもったいないのです。

「睡眠が大切である」と知っていても、そのための努力をしている人はほとんどいません。


睡眠を向上させる方法はたくさんあります。

ちょっとした工夫次第で、どんどん良くなるのです。

これから紹介する項目で、効率のいい睡眠の方法や、眠りを深くするちょっとしたコツについて私が学んだこと、実践していることをご紹介します。

これを参考に、自分に合う方法を試してみてください。

睡眠の質が飛躍的に良くなる照明の工夫

人間は気が遠くなるほどの長い間、日の出とともに活動して日没になったら寝る、というサイクルで生活してきました。

人類７００万年の歴史の中で、夜活動するようになってまだ日が浅いのです。

トーマス・エジソンが電球を発明したのが１８７９年ですから、夜の活動が本格的になってからたった１４０年しか経っていないのです。

まだまだ体の進化がついていいかないのが現状です。

現代は、よほどの田舎に行かない限り、夜でも明るく、ちょっと気を抜けばあっという間に深夜族になり、昼夜逆転の生活になりやすくなります。

ですから、意識的に深く眠れるような環境を作る必要があるのです。

睡眠についてまず知ってほしいことは、「メラトニン」というホルモンです。

このホルモンの働きが大きく関係しています。

メラトニンは夜になると徐々に分泌が増え、夜中に最大となります。

良い睡眠のために必要不可欠であり、翌日の目覚めにも関わってくるホルモンです。

メラトニンは暗い環境になればなるほど、多く分泌されるという特徴があります。

逆に夜に明るい光を浴びることや、明るい場所で眠ることは、メラトニン分泌を減らし、良い睡眠を阻害します。


理想は眠る2、3時間前から室内を少し暗くして、メラトニン分泌を促すのがいいと言われます。

リビングの蛍光灯を暖色系にしたり、明るさを少し落としたりするだけでも違います。

ただ、ご家族と一緒に住んでいる場合、リビングの明かりを薄暗くする、というのは難しいでしょう。

テレビを見ている家族もいますし、リビングで勉強するお子さんも結構います。

そんな状況では照明を薄暗くしたり、暖色系の照明をつけたりすることはできません。

その場合のお勧めの方法があります。

それは、**お風呂の照明を白色系（昼光色・昼白色）から暖色系（電球色）に変える**ということです。

暖色系の照明は100円ショップでも販売しており、簡単に交換できます。

既に暖色系の電球ならば60W→40W→20Wとワット数を減らすのもお勧めです。

もともと入浴は、リラックスする場所です。

照度を落として入浴することで、相乗効果を高めるのです。

この方法ならば簡単に実行できるでしょう。

脳は暗い環境下になると、メラトニンを分泌しだします。

人類は700万年前から、暗くなると眠くなるといったパターンで生活してきました。

そんな体の仕組みを上手に利用して、質の良い睡眠を取って、いい朝を迎えましょう。

ベッドでスマホを〝見る〟のはやめよう！

メラトニンが分泌されると自然に眠くなり、気持ちの良い睡眠に導かれるようになります。

2時間前から薄暗い部屋で過ごせ、とは言いませんが、お風呂の照明や自分の部屋などは工夫できると思います。

そして、照明より大きな問題があります。

それは、スマートフォン（以下スマホ）です。

今、不眠症の人が増加しており、その大きな原因の一つがスマホだと言われています。

電子機器のディスプレーから発せられるブルーライトが良くない、と聞いたことがあるでしょう。

テレビならまだ距離がありますが、スマホは30センチ程度しか離れていません。

ブルーライトを遮断するメガネをかけても、かなり影響を受けるのです。

スマホからのブルーライトは睡眠の質を低下させるだけでなく、電磁波によってメラトニンを分解してしまうと言われています。

これも注意が必要です。

私は時間術の研修で「ベッドでスマホを見ないようにしてください」とお伝えします。しかし、これは反対意見も多く、「この習慣だけはやめられない」という人も多いのです。これも今までの習慣が影響しているので、すぐにやめろとは言いません。一日の使用時間を徐々に減らし、最後にゼロにもっていけばいいのです。

ベッドでのスマホをやめ、暗くすることでメラトニンを増やすことができるのですが、暗いところで過ごすことに慣れていない人も多いでしょう。

何をすればいいのか……と、寝るまでの時間を持て余してしまいます。

では、その時間で何をすれば、今後の自分にとって有意義なものになるでしょうか？

スマホの読み上げ機能で、本を〝聞きながら〟寝る

これからご紹介する方法は、心地良い睡眠と自分の能力を同時にアップさせる方法です。

私も毎日行っていますが、睡眠導入に関して、これ以上素晴らしい方法はないといっていいくらい効果的です。

これは、ぜひ取り入れてほしいと思っています。

それは、**スマホの読み上げ機能を利用して、本を聞くことです。**

スマホのアプリでもいいですし、アマゾンのＫｉｎｄｌｅのアプリも便利です。

Ｋｉｎｄｌｅで保存している本を読み上げさせることによって、勉強になりますし、心地のいい睡眠に導かれます。

一石二鳥の方法です。

私が好きなのは、Ｄ・カーネギーの『人を動かす』やナポレオン・ヒルの『思考は現実

化する』です。この2冊を読み上げ機能で聞くと、どういうわけかすごくよく眠れます。そのまま眠ってしまいたい人は、30分のスリープタイマーをセットしておくといいでしょう。

また家族と一緒に寝ている人は、イヤホンを使うと便利です。

仕事で結果を出すために、知識の習得は欠かせません。しかし、疲れきった状態ではなかなか本を読めないものです。無理して本を読んで睡眠不足になり、翌日頭が冴えない状態になったのでは、本末転倒です。

「本を買っても読む時間がない」という人もたくさんいるでしょう。そんな悩みも、寝る前に読み上げ機能を使って「本を聞く」ことで、解決します。眠る前だけでなく、移動中や作業中でも聞くことができるので、ついついたまりがちな積読《つんどく》本の消化にうってつけです。

電子書籍は一度も利用したことがない、という人もいるでしょう。

スマホにダウンロードする方法をブログで紹介していますので、よろしければこちらを参考にしてください（https://plaza.rakuten.co.jp/tuki1/diary/201905170001/）。

ダウンロードできたら、スマホかタブレットで本の画面を開き、読み上げのコントローラーを立ち上げます。

読み上げ機能の設定は、機種やＯＳによって違ってきますが、一例を左ページに載せておきます。

寝る前はゆっくりめにし、起きている時は早めにするなど、自分好みに調節してください。

体と頭のデトックスで、コンディションが格段に整う

仕事のパフォーマンスを向上させるために体のコンディションを整えたり、健康管理をしたりする人が増えました。

スマホの読み上げ機能で、本を“聞く”

※iPhone での一例

①iPhoneの【設定】→
【アクセシビリティ】をタップ

②アクセシビリティの
【読み上げコンテンツ】をタップ

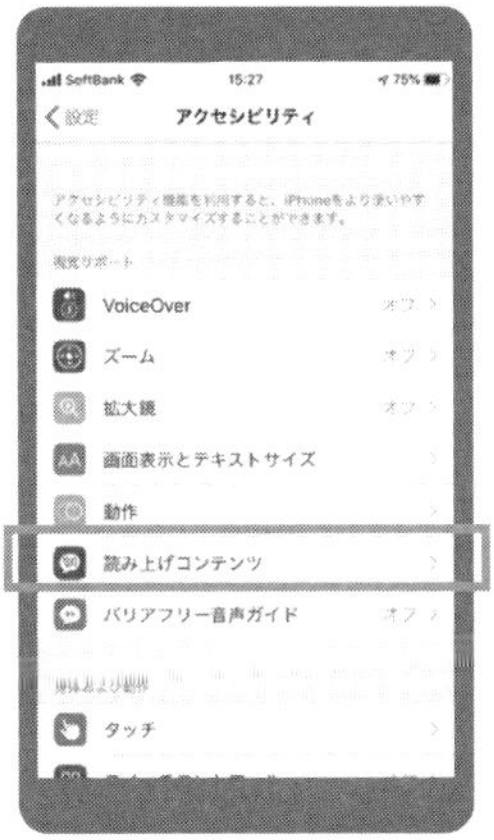

③【画面の読み上げ】を
ONにする

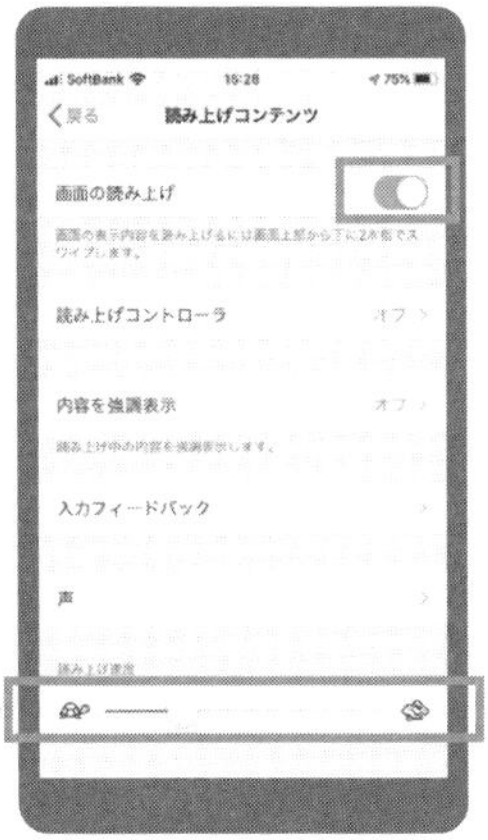

読み上げ速度を調整します

④電子書籍を開き、2本指で画面
上部から下にスワイプすると
コントローラーが表示される

本屋さんに行けば、そういった関係の本がたくさんあり、一種のブームです。

体と仕事の成果は、密接に結びついているというのは、今や常識です。

様々な方法が提唱されていますが、共通しているのは**「体の中にある毒素を外に出すことが大切である」**ということです。

毒素が溜まったまま、いい物を食べても効果は低くなります。

どんな方法だとしても、まずはデトックス（毒素排出）することから始まります。


体のデトックスについてはいろいろあります。

私が効果を感じているデトックス方法は、**午前中は飲み物だけにする**ことです。

その間、水分はたくさん取ります。

そうすると、前日の夕食から翌日のランチまで「18時間固形物を食べない」といった簡易断食のような感じになります。

頭は冴えまくり、仕事が一気に進みます。

体がちょっと重い時、もしくはどうしても仕事が間に合わない場合によくやります。

体のデトックスは、他にもネットで検索すればいろいろなやり方があります。

体に大きな負担がかかるような極端なものでなく、自分に合った方法であれば試してみるといいでしょう。

さらに私が伝えたいのは、体のデトックスだけでなく**「頭やメンタルのデトックス」をすること**です。

私は、定期的に頭のデトックスをしています。

体のデトックスより頻度は高く、週に2、3回はやることがあります。

やり方は簡単です。

まずは一枚の紙を準備し、「気になっていること」を書きだします。

プライベートの悩みや不安なことはもちろん、「あのパワポを仕上げてなかった」という中途半端なままで気になっていた仕事まで、とにかくすべて書きだすのです。

私はアナログ方式で、紙とシャーペンで書いていますが、パソコンやスマホのメモ機能を使ってもいいでしょう。

文字で書きだすだけでも、ずいぶんとスッキリします。

さらに時間があれば、先に書いた「気になっていること」の中から、景気が悪い、明日の天気が心配などといった、自分個人では何ともできない悩みを斜線で消していくのです。

私はこの頭のデトックスを、寝る前の3分間を使って行っています。

やっていただければわかってもらえると思いますが、本当にスッキリします。

明日の朝、スッキリ起きるうえでも、非常に効果的な時間になることをお約束します。

朝活を成功させるための「お酒」とのつき合い方

朝活の一番の大敵と言えば、ズバリ、「お酒」です。

今は多少減ったとはいえ、忘年会、新年会、四半期や月末の打ち上げなどなど、何かにつけて飲み会が企画されるものです。

強制参加でない会社もありますが、仲間とコミュニケーションを取るためにも、可能ならば参加したほうがいいでしょう。

普段顔を会わせない他部署の人間や、めったにじっくり話す機会がない上司などと、飲み会でいい関係を構築できるチャンスでもあります。

とはいえ、調子に乗ってお酒を飲みすぎれば、翌朝は早く起きられなくなります。

さらに二日酔いになれば、午前中いっぱい使いものにならなくなることだってあります。

朝を有効に使うためにも、お酒とうまくつき合っていく必要があるのです。


私もそうなのですが、お酒好きの人は飲みだすと止まりません。

スタートの30分程度はセーブしますが、そのうちに「まあ何とかなるだろう」と、明日のことなどどうでもよくなってしまうのです。

ここで私からの提案があります。

お酒と朝活を両立するためには、**〝一次会で十分楽しんで、二次会は参加しない〟と決めること**です。

私自身も過去には、さんざん二次会に参加してきました。

その時は楽しい感じがしますが、とにかくお金と時間と体力を奪われます。

そのうえ、翌朝強烈なダメージが残るのです。

ほぼデメリットしかないのです。

このような話をすると、「二次会に行かないと気まずい」などと言う人もいますが、酔っぱらいはその瞬間しか気にしていません。

「今日はこれで失礼します」とサッと帰ってしまえば、なんの問題もないのです。

一次会を存分に楽しんで、スパッと上がって翌日に備えてください。


とはいえ、飲み会はたまにですから、仮にその翌日だけ朝活ができなかったとしても、まあ許容の範囲でしょう。

これは目をつぶってもいいと思います。

問題なのは毎日の晩酌です。

晩酌が習慣の人は、「夜飲まないと寝られない」と言います。

また「仕事の後の一杯が最高の楽しみだ」と言う人もいます。

私自身、長年晩酌をしていたので気持ちはよくわかります。

何十年と毎日飲んできた私ですが、今は家ではまったく飲んでいません。

これも習慣でやめてしまえば、飲まずにいられるようになるものです。

晩酌の習慣も「今日から一滴も飲まない！」と一気にやめるのはお勧めしません。禁断症状が出て、あっという間にリバウンドするのがオチです。これも**ベビーステップで徐々に飲み方を変えていけばいい**のです。

毎日飲んでいる人なら、はじめは週1回休肝日を取るようにします。これに慣れてきたら、週2回休肝日を取るようにして増やしていきます。最終的には晩酌ゼロが理想ですが、くれぐれもストレスがかからないようにしましょう。私の酒好きの知人は、休肝日を作ることができないため、「晩酌の2杯目をノンアルコールビールにするようになってから朝の目覚めがいい」と言っていました。あせらずじっくりと改善していけばいいのです。お酒も楽しみの1つです。上手につき合って、朝活にプラスになるように利用していきましょう。

仕事のパフォーマンスUPには「何を食べて」「何を食べない」か

ここでは、仕事のパフォーマンスを高める食べ方についてお話しさせていただきます。

私は医者でも栄養士でもありませんので、実体験から効果を実感している方法をお伝えします。

研修先で独身の若い営業マンと話をすると、朝はろくに食べずにランチでガッツリ食べるという人が多くいます。

理由を聞くと「朝は時間がないですし、あまり食べたくないんです。それに夜は食べると太りますから、ランチでまとめて食べておかないと」などと言います。

ランチでガッツリ食べている時はいいのですが、問題はその後です。

睡魔に襲われ、仕事効率が一気に落ちるのです。

私もまさにこのパターンで長年仕事をしていました。

朝は何も食べないため低血糖で頭が働きませんし、午後はおなかがいっぱいで眠くなって使いものになりません。

これが一番非効率な食事方法と言えます。

簡単に言えば、この逆をすればいいのです。

体が一番エネルギーを使う行為は消化だと言われています。

胃に物が入れば蠕動《ぜんどう》運動と攪拌《かくはん》運動によって食物をよくこね、まぜます。

また、臓器から胃液や消化酵素を分泌させて消化します。

もし自分が体の立場だったらどうでしょうか？

休んでいたところに、いきなり大量の食べ物が入ってきます。

量が多いうえに、消化に悪いものだったら大変です。

臓器を動かしたり、消化酵素を分泌させたりと重労働になります。

こうなれば、脳に十分な酸素を送れなくなるのも当然だと思いませんか？

体の立場で考えれば、**“消化が楽でエネルギー効率がいい食べもの”が理想**です。

では、私が実践している食事方法についてご紹介しましょう。

先のデトックスのところでも触れましたが、私は仕事が多い日に関しては、午前中は固形物を食べません。

ただ、何も食べないと血糖値が下がり、集中が長続きしなくなります。

そこで野菜ジュースかフルーツジュースを飲みます。

市販のものを飲む場合もありますし、ジューサーで生の野菜やフルーツを絞って飲む場合もあります。

ジュースでしたら繊維が入っていませんから、胃腸にそれほど負担をかけません。

体が楽をしながら、必要なエネルギーだけ摂取できます。

そういうと、「エネルギー補給が目的なら、糖分のほうがいいのでは？」と思った人もいるかもしれません。

砂糖は単純糖質と言って、一気に血糖値を上昇させます。

その時はいいのですが、問題はそれが長く続かず、一気に血糖値が下がるという性質があります。

血糖値が下がるとイライラしますし、集中力もとぎれやすくなります。

カフェインも同様の性質があります。

いろいろ試したのですが、野菜ジュースかフルーツジュースがいいと感じています。

朝はそのように軽く済ませて、午前中で仕事が終われば、ランチは普通に食べます。

ただ、まだ仕事が残っている場合は腹八分にします。

その時はちょっともの足りない感じはしますが、眠くならずに冴えた状態で仕事ができます。

よく言われていることですが、腹八分目が体にとっていいのです。

以前、「タンパク質と炭水化物を同時に摂らない」とか、「サラダを先に食べる」なども試しましたが、ほとんど効果は感じませんでした。

食べ方も気にしすぎるとストレスになります。

私の場合、夜はあまり我慢をしません。

好きなものを好きなように食べます。

そして、眠くなったら寝てしまえばいいのです。

このパターンで食事をすれば必然的に早く寝るようになり、結果、朝早く起きられるようになります。


仕事が忙しい日は**「朝はジュース、昼は腹八分目、夜は自由に」**といったスタイルにしてから、仕事効率が上がり、体も健康になりました。

体重は高校時代の体重に戻り、きびきびと動けます。

ぜひ参考にしてみてください。

仕事の終わりには必ず、1分間の「整理整頓」時間を

スポーツではケガをしないために、準備体操と整理体操をします。

一流のスポーツ選手ほど、こういった基本中の基本を入念に行うものです。

これは仕事でも言えます。

結果が出ない人は、総じてこういった仕事の基本的な行為を軽視します。

ダメ営業マン時代の私がそうでした。

仕事が終われば、一刻も早く会社から出たかったため、デスクはそのままの状態で帰ります。

当然、翌日は散らかった状態です。

わずかに残った狭いスペースで仕事をしていました。

デスク上だけでなく、引き出しの中もゴチャゴチャで何が入っているのかわかりません。

パソコンもデスクトップ上にフォルダが散乱しており、どこに何があるかわからない状態だったのです。

こんな環境では効率良く仕事ができるはずもありません。

一方、トップ営業マンの先輩はきれい好きでした。

書類やパソコンもきれいに整理してあります。

先輩は仕事が終わり、帰る前の数分間を使って必ず整理整頓していました。

その理由を聞いたことがあったのですが、先輩は「デスクが散らかっていると、翌朝来た時にテンション下がるからだ」と言っていました。


それから数年後、私は30分前出社をするようになりました。

この際、デスクが散らかっていると「うあぁ〜なんだよ、この書類……」とテンションが下がります。

またパソコン上で必要なデータが見つからないと、それだけで一気にやる気が失せます。

これではせっかく朝30分早く出社したのが台無しになります。

朝から気持ち良くスタートするためにも、仕事終わりに片づけをしてみてください。

はじめは1分間でも構いませんし、1ヵ所だけ整理整頓するだけでもいいのです。


私自身、整理整頓はすごく苦手としていました。

ある時、定時まで時間があったので、机の引き出しの一部だけをきれいに整理したことがあります。

１ヵ所きれいになると、ほかの場所もきれいにしたくなるものです。

そうして、机まわりがどんどん整理されていったのです。

一気に机まわりを片づけようすると、とたんに面倒くさくなります。

そうではなく、まずは「今日は引き出しの一部、明日はパソコンのこのフォルダ」と１ヵ所だけでいいのです。

環境が整うと仕事や朝活のスピードは加速します。

翌朝、気持ち良く仕事が始められるか、そうでないかで、その日の仕事のはかどり具合は大きく変わってきます。

朝の時間をより効果的に活用するために、仕事終わりや寝室に行く前の１分間で、翌朝のための整理整頓をする習慣をつけることをお勧めします。

昼間に眠気がきた時の「短時間瞑想法」

心地良く眠りにつけるようになると、だんだんと朝の目覚めが良くなります。

朝活を続けていると、起きる予定の時間より早く目覚めてしまう、という日が訪れます。

たとえば、朝6時に起きるはずが、5時に目が覚めてしまうといったことです。

これは、体のサイクルが前倒しになった証拠なので喜んでいいのです。


こんな時、あなたならどうしますか？

選択肢は2つ、「起きる時間までもう一度寝る」か、もしくは「思いきって起きてしまう」かです。

私のお勧めは、だんぜん「思いきって起きてしまう」です。

早く起きた1時間は「いただいた時間」と考えて、ありがたく使わせてもらうのです。

朝活の時間よりさらに1時間も余計にあるため、ゆったりといい時間が過ごせます。

何をしてもいいのですが、問題は昼間眠気がくることです。

ここで、私が行っている**「短時間瞑想法」**をご紹介します。

仕事でちょっと時間が空いた時、あなたは何をするでしょうか？

多くの人が「スマホをチェックします」と答えるのではないかと思います。

研修で1時間に1回、10分の休憩をとるのですが、その際、参加者のみなさんは一斉にスマホを見ています。

いつの間にかそんな時代になりました。

スマホに取引先やお客様から緊急なメッセージが届いているのなら、すぐに対応してください。

しかし、それ以外の休憩時はスマホをいじらないようにします。

そのかわりに瞑想をしましょう。

瞑想と言っても大げさなものではありません。

その場で「3分間目をつぶる」といった簡単なことだけでも十分効果があるのです。

私の場合は、パソコンで使っている椅子の上であぐらをかいて目をつぶり、静かに息を整えます。

「4秒吸って8秒吐くといい」と言う人もいます。数を数えることで雑念がわかなくていい、ということのようですが、私には向きませんでした。

自分に合うかどうか一度試してみてください。

私が意識しているのは〝いつもよりゆっくり吸って、ゆっくり吐く〟ということだけです。

その際、少しだけ吐く時間が長くなるようにしています。

それだけで頭がリフレッシュして、眠気も冴えて、集中力が回復するようになります。


ただ、職場で目をつぶっていると、「アイツ、居眠りしている」と思われてしまう場合もあります。

瞑想はなにも特別なことをしなくても、何かに集中すればいいのです。

たとえば、ランチの時、《あぁ、あの仕事の期限が迫っているなぁ》と別のことを思うのではなく、《しっかり噛んで味わうぞ》と食事に集中します。

そうすることで消化も良くなりますし、一種の瞑想状態にもなるのです。

早く目覚めてしまったら、思いきって起き上がり、ありがたくその時間を使わせてもらいましょう。

そして昼間眠気が出てきたら、瞑想法で補ってください。

朝は極力、ニュースを見ない

朝起きてすぐにニュースをチェックする、という人は多いかもしれません。

それが現代人の常識だと思い込んでいる人もいるでしょうし、長年の習慣で見ないと気持ち悪いという人もいるでしょう。

ここで一度考えてみてください。

テレビやネットに流れてくるニュースは、どんな内容のものが中心でしょうか？

殺人事件、虐待、事故、政治問題、国際問題、経済の悪化などなど。

8割はネガティブな話題です。

「若者がおじいさんを助けました」などという明るいニュースはめったにありません。

朝から殺人事件のニュースを見て暗い気分になった、という経験もあるでしょう。

朝のニュースは、大半があなたのテンションを下げるものなのです。

朝活をするために朝早く起きます。

そこでテレビやネットのネガティブなニュースを見たり、読み込んだりしたらどうなるでしょうか？

やる気があったとしても、気分は萎《な》えてきます。

ましてや、朝の目覚めが悪かったり、やる気が出なかったりした時に、このようなあなたのテンションを下げる悪いニュースに触れてしまえば、当然、気分が盛り上がるわけがありません。

この話をすると「ニュースを見ないと話題についていけなくなる」という人がいます。

その場合は、ネットの見出しだけサッと1分間で確認します。

自分に必要と感じたら読み込めばいいのです。

私は何年も朝テレビをつけたことはありませんが、それでも話題に困ったことはありません。

朝の貴重な時間に、殺人事件の詳細な情報や虐待の具体的な様子を知っても、何のメリットもありません。

その時間で、もっと自分を楽しませることや、仕事に役立つことをしたほうがはるかにいいのです。

朝やる気が起きないという人は、知らず知らずのうちに外の世界に足を引っ張られている可能性があります。

やる気のない状態で出社して、エンジンがかからないまま、貴重な朝の時間を無駄に過ごしてしまうのです。

一方、仕事が速い人は、朝のコンディション作りのコツを知っており、本格的に仕事を始める前から、上手に自分を盛り上げています。

たったそれだけの違いなのです。


朝は、極力ネガティブ情報をシャットアウトしましょう。

その分の空いた時間に、自分にプラスになるものを取り入れるようにしてみてください。

気持ちが上がる言葉を口に出したり、自分の達成目標を読み上げたりしてもいいのです。

好きなことをしたり、気分が上がる好きな音楽を聞いたりしても構いません。

モチベーションを上げる工夫をしましょう。

せっかく朝起きたのに、うるさくて集中できなかったら

前の夜、早く寝てスッキリ起きたとします。

「さぁ、やりたいことをバリバリするぞ！」と思った矢先に、隣から集中を削がれる騒音がします。

「気にしないようにするぞ」と考えれば考えるほど気が散るものです。

これでは、せっかくの朝活時間が台無しになってしまいます。

さあ、そんな時はどうすればいいのでしょうか？


私は住宅地に住んでいます。

基本的には閑静な住宅地なのですが、時にはいろいろな物音で集中を削がれることもあります。

やりたい仕事がたくさんある時には困るものです。

そんな時、私が実践していることがあります。

その方法とは**「騒音を集中に利用する」**ということです。

この説明だけでは、少し理解しづらいと思いますので、これから事例を上げて、詳しく説明します。


この本の中で「私がヨガをしている」といった話をしてきました。

ヨガスタジオでヨガをやる際、はじめに必ずメディテーションをします。

簡単な瞑想のような感じで、数回ゆっくり呼吸をして心を落ち着け、心の中を観察していくのです。

このメディテーションの際、外の雑音が気になることがあります。

ヨガスタジオは道路沿いですから、車や人の声が聞こえたりします。

メディテーションをしながら「あぁ、今せっかく集中していたのに……」と思うこともよくありました。

こんな時はすごく損した気分になっていたのです。

そんなある日のこと、その悩みをヨガの上級者に相談すると、「雑音を利用して深い意識に入っていくんですよ」と教えてくれました。

たとえば、車の騒音を聞いたら「あの車のエンジンはどんなものか？　どんな人が乗っているのか？」などと想像します。

目をつぶって想像していくうちに、スーッと集中状態に戻れるというのです。

もしくはうるさい音だとしても、「この音は心地がいい」と思うようにします。

雑音というのは不思議なもので、心地いいと感じる時と悪い時があります。

カフェでは気にならないのに、会社では「あいつのパソコンのキーボードの音がうるさい」と気になったりします。

要するに**その雑音をどう捉えるかによって、心地良くなるか、そうでなくなるかが決まります。**

雑音が気になったら「彼も頑張っているな」などといいようにイメージして、捉え方を変えるだけでも気分は変わってきます。

とにかく、どんなものでも集中に利用するように心がけるのです。

そういう私も、その境地に至るにはまだまだなところがありますが、できるように日々努力しています。

朝活時間や会社で仕事をしている際、隣の人がちょっと気が散るような音を立てることもあるでしょう。

そんな時「うるさいなぁ、静かにしてくれよ」と思うと、余計イライラして仕事がはかどらなくなります。

そう思うのではなく「この音が逆に集中力を増す」と思うようにするのです。

もしくは「おっ、彼も頑張っているんだな、自分も頑張ろう」とモチベーションアップに利用してもいいでしょう。

そう考えるだけでもずいぶん気分が違います。

どんなものでも上手に利用して、集中力を高められるようになりましょう。

「朝早く起きる理由」「早く帰る理由」を明確にしておこう

朝活をするために、残業時間を徐々に減らしていく必要があります。夜遅くまで残業していては寝るのが遅くなりますし、朝の習慣化も難しくなるからです。時間術の研修をする場合、必ず「帰ってから何をしたいか？」ということをリストアップしてもらいます。

・子どもと遊ぶ
・飲みに行く
・アメリカの連ドラを見る

などなど、人によって違います。
早く家に帰る理由は何でも構いません。

私自身は「早く帰って軽く飲みながら深夜番組ではなく、ゴールデンの番組を生で見たい」といったたわいない目標でした。

このワークは重要で、**「早く帰って○○をしよう」ということをハッキリさせるだけで、仕事の処理スピードは上がる**のです。

私は個人相談も行っていますが、「いやぁ〜どうしても定時には終わらないですね」と言う人の多くが、帰ってからやることが決まってないのです。

やることがないならまだマシです。

なかには早く帰りたくない！　などと言う人もいます。

私にもそういうタイプの上司がいて、よくつき合い残業をさせられたものです。

まずは**「早く帰る理由」をリストアップしてください。**

それができたら、次は**「朝早く起きる理由」も書きだしましょう。**

第１章の「朝活でしてほしいことベスト５」を参考にしてもいいですし、自分で考えても構いません。

それを書いて、ベッド横に置いておけば気持ちのいい朝を迎えられます。

第5章まとめ

- 朝を有効に使えるかどうかは「前の日の夜」の過ごし方で決まる。
- ベッドでスマホを見ずに、本を聞こう。
- 体のデトックス、頭のデトックスを定期的に行う。
- 飲み会は一次会まで。ランチはガッツリ食べない。
- 仕事終わりの1分間は、整理整頓の時間にあてる。
- 「早く帰る理由」「朝早く起きる理由」を明確にする。

第6章

仕事も人生も120%の満足！ひとつ上の「朝の使い方」

◇「朝のモチベーション革命」で、人生にジャイアントキリングを起こす

仕事のスタート30分で押さえておくべき3つのポイント

定時で仕事を終わらせて帰るための必須事項は、「いいスタート」を切ることです。

就業時間ギリギリに出社したのでは、いいスタートは切れません。

プロスポーツ選手が十分にウォーミングアップをするように、**仕事が速い人は、しっかりと準備をしている**のです。

私は入社8年目で結果を出した、遅咲きの営業マンです。

契約数は前年度の4倍になり、単純に仕事量も4倍になりました。

契約が取れるのは嬉しいものの、朝から晩まで動き回っていたのです。

そして、忙しい時に限って、経理から細かい修正を求められたりします。

時には、「なんだよ！　そんなのそっちでやってくれたっていいだろう‼」と腹立たしく思っていたこともありました。

また、まわりの仲間とのコミュニケーションも希薄になります。

後輩から相談をされても「ゴメン、自分で判断してくれる？」と軽くあしらっていたのです。

どんな人でも、自分に余裕がなくなると人には優しくできなくなります。

こういったことが積み重なり、まわりの人との関係は悪化していきました。

いつの間にか孤立していたのです。

そこで始めたのが「朝活」です。

30分早く出社して、ひと仕事します。

始業時間前にある程度の仕事をやっておくことで、時間的にも精神的にも余裕ができるようになります。

これをきっかけに、仕事も人間関係も好循環するようになったのです。

それでは、朝の30分の仕事で押さえておくべき3つのポイントを紹介します。

理想は始業前の30分ですが、会社のルールで早く出社できない人はスタートの30分でもいいでしょう。

まず**1つ目のポイントは、「気持ちが上がる仕事をする」**ことです。

営業マン時代の私にとって一番気持ちが上がるのは、「お客様のためにいいことをした」と思える仕事です。

具体的には、これから購入を検討するお客様に対してお役立ち情報を送ることでした。

「すでに家を建てたお客様が後悔したこと」をまとめた手紙で、これから家を検討するにあたってとても役立つ内容です。

私はこの手紙を、毎朝3人のお客様に出していました。

このお役立ち情報を送ると、「今、いいことをした」と脳にインプットされます。

気分良く仕事がスタートできるのです。

仕事始めに、「なにか1ついいこと」をするのは、気分を上げるのに効果抜群ですので、ぜひ試してみてください。


2つ目のポイントは、「アイデア出しをする時間に使う」ことです。

30分では腰を据えてじっくり考えられないと思うかもしれませんが、朝一番は脳がクリアなため、ポジティブでいいアイデアが出てきます。

企画案、提案書の原案を作成するといった時間にあてててください。

最後の3つ目は、「今日の計画を立てる」こと。

夕方に「あぁ、この仕事をすればよかった……」と後悔しても遅いですが、朝ならどうにでも対応できます。

手帳やスケジュールを見て、「今日一日このように行動しよう」とイメージするだけでも、効率良く仕事ができるようになります。

朝の30分でも、できることはたくさんあります。

まずは自分を盛り上げる行動をして、いいスタートを切ってください。

やる気が出る仕掛けを作って、朝からロケットスタート

先ほど朝活の3つのポイントで、「自分を盛り上げる行動をする」といった話をしました。

この項目について、もう少し詳しく説明します。

仕事が速い人でも、「今日は気分が乗らない」といった日があります。

普通の人は、やる気が出るのを「まぁ、午後になったらエンジンがかかってくるだろう」とのん気に待っているものです。

私自身もそうでした。

しかし、**午前中にやる気がない日は、午後になってもやる気が出るものではありません。**

それどころか、ますます何もやりたくなくなったものです。

できる人は、やる気の出ない日を、そのまま放置しません。

やる気が出る仕掛けを作り、気分を上げているのです。


私の知人の食品会社のトップ営業マンは、「電話営業をかけること」で気分を上げていきます。

今の時代、テレアポはほぼ相手にされず、うまく行きません。

この方は、電話でアポイントを取るのが目的ではなく、お客様に断られることで「よっし！　上がってきたぞぉ」と気分を盛り上げているのです。

普通の人なら落ち込むところですが、断られることでやる気に火がつく人もいます。

自分にムチを打つイメージなのでしょう。

上司から「テレアポをするように」と指示されている人は、イヤイヤするのではなく、この方のように自分に活を入れる日的でやってみるといいでしょう。

また、化粧品会社の法人営業の知人は、気分が乗らない時、他の部署の人に報告の電話を入れると言います。

そのスタッフに無理を言ってやってもらったことがあるとします。

朝一番で「A社の納品の件ですが、無理をきいてもらってありがとうございました。先方も大変喜んでいます」と結果報告をするのです。

すると、スタッフの方も喜んでくれますし、自分の気持ちも上がります。

これはお勧めの方法です。

こういった方法が思いつかなければ、1通メールを返したら「よっし！」と小さくガッツポーズをしてもいいでしょう。

私もたまにやりますが、意外に気持ちが上がってきます。

ちょっと気分が乗らない日はやる気が出るのを待つのではなく、自ら行動して積極的に気持ちを上げましょう。

そのための行動を1つか2つ用意しておくようにすることです。

「遅れグセ」は絶対につけないようにしよう

朝活は習慣化が重要ですが、仕事についても習慣が非常に大切になってきます。

「仕事が速い人」になろうと、意識的にスピードアップしていくうちに、速く仕事をすることが習慣になります。

そして、その習慣が、あなたをハイパフォーマーにしてくれるのです。

これは逆も言えます。

一度仕事が遅れるようになると、それが習慣化してしまいます。

その習慣が、仕事の遅い人を作り上げてしまうのです。

お世話になっている編集者と話をしていた時のことです。

この人は転職組で、まったく違う業界にいました。

その業界にいた時は、「期限に遅れたことなど一度もなかった」と言っていました。

出版業界は、どういうわけか「締め切りからある程度遅れてもいい」という暗黙の了解があります。

著者仲間には、締切日になってから書き始める、というツワモノもいるほどです。

締切日から一週間、二週間と遅れることもよくあります。

他業界では信じられないことです。

この編集者は、出版業界に入りたての頃は著者のお尻を叩いて、キチンと期限を守らせていましたし、自分もそれを守って仕事をしていました。

しかし、仕事に慣れていくにしたがって、少しくらい遅れてもなんとかなる安全マージンがあることに気づきます。

そのうち「ここまでは遅れてもいい」と、その編集者自身もギリギリ目一杯まで仕事をやらなくなります。

こうして遅れグセがついてしまったというのです。

一方、**仕事のできる人は、必ず期限を守ります。**

それが、ちょっとした資料を送るといったことや、プライベートの約束まで、どんな些細なことであっても遅れません。

その理由は、遅れグセがついてしまうのを恐れているからです。

私が定期的に参加している会があるのですが、そのメンバーで遅れてくる人はいません。5分前に行っても、ちょっと遅れた感じがするほどキッチリ集まります。

メンバー同士で「明日までに○○のデータを送りますね」といった約束をすることもあるのですが、間違いなく翌日にはデータが届いています。

遅れることなどないのです。

だからでしょう、みなさんしっかりと仕事で結果を出しています。

あなたもいろいろな約束をするでしょう。

クライアントとの約束や大切な仕事は、必死で期限を守ると思います。

しかし、社内の提出物や友達との約束になると、気を抜きがちになります。**些細なことから遅れグセがつくようになります。**

約束をしたからには、期限は絶対に守るように心がけてください。

朝の活動には、必ず制限時間を設定する

私自身「仕事は速いほうだ」と思っています。

何かの期限に遅れたこともないですし、必ず前倒しでやるように心がけています。

このスピード感が身についたのは、尊敬している人の教えがあったからです。

その人は住宅会社の社長で、私の倍、いや3倍以上の仕事をしています。

会社のマネージメント、人事、販売戦略などはもちろん、地域の活動や子どもの学校関係の行事にも積極的に参加しています。

かなりの仕事量をこなしているにもかかわらず、いつも余裕があるのです。

さらには、会うたびに「最近、○○の分野に興味がありましてね。勉強を始めました」

などと言って、さらに行動範囲を広げています。
話をすればするほど、「どこにそんな時間があるんだろう？」と不思議に思っていました。

あるとき、時間の使い方について教えていただいたことがあります。
それは**「すべて仕事は、学校のテストと同じように考える」**ということです。
テストには制限時間があり、1秒でも過ぎれば終了です。
時間が過ぎれば、たとえ答えがわかっていても解答用紙に書けません。
その時間内にいかに力を発揮できるか、というルールでやっているのです。
仕事を学校のテストと考えれば、ダラダラとした仕事をしなくなります。
時間に制限がなく、ダラッと仕事をすれば時間は長くなり、精度は下がります。
でき上がった内容を見て、再度やり直しになることも多いでしょう。
結果、膨大な時間を浪費することになるのです。

それまで私は、時間を決めずに仕事をやっていました。
期限がないため、仕事をしながらも「今は軽く手をつけておいて、後で仕上げよう」など思ってしまいます。

結局、2度3度やり直すことになり、無駄に時間を浪費していたのです。

私は朝活時間に関して、制限時間を設定するようになりました。

仕事や原稿書きはもちろんのこと、ブログ更新やメール返信についてもスマホでタイマーを設定して、リミットを決めています。

それから一気に仕事のスピードが加速したのです。

慣れないうちは「時間が気になってかえって集中できない」ということもあるかもしれません。

それも慣れの問題で、すぐにできるようになります。

みなさんは、小学校から中学、高校、大学と数えきれないほどテストをやってきました。

仕事でできないワケがありません。

やり始めれば、すぐにコツを思いだします。

仕事が速い人は、リミットがない仕事はしません。

まずは、朝活の時間からリミットを導入してみてはいかがでしょうか？

朝活が長く続く人は、集中とリラックスのメリハリがうまい

今まで、たくさんのトップ営業マンたちを見てきました。

トップ営業マンは、2つのタイプに分かれます。

2つのタイプとは、「短期間で息切れする人」と「長期的に結果を出し続ける人」です。

短期的に結果を出すタイプのトップ営業マンは、朝から晩までスケジュールびっしりの仕事をしている感じです。

朝から夕方まで、アポイントを取ってお客様と商談をします。

時間をかけてランチなども食べず、休憩もほとんどありません。

移動中も常にスマホで電話をしており、トイレに行く時でさえ誰かと話をしています。

今までこういったタイプを見てきましたが、ほとんどの人は長くは続かず、トップは短命で終わっていました。

こんな生活をしていれば、体も精神ももたないでしょう。

もう1つの「長期的に結果を出し続けるタイプのトップ営業マン」は、ゆったりと時間を過ごしているように見えます。

集中してスパッと仕事をこなしたら、まわりの人と楽しくコミュニケーションを取っています。

長時間、根を詰めて仕事をせず、一定の時間が来るとしっかり休みます。

メリハリをつけて仕事をしているのです。

こういった人は、長く結果を出し続けます。

あなたの会社にも、かなりの仕事量をこなしても、集中力がぜんぜん途切れないという人が一人か二人はいるでしょう。

こういった人は、人並み外れた馬力があるわけではありません。

単純に自分のリズムを知っており、疲れる前に上手に休んでいるだけなのです。

このタイミング良く休憩するということが、長時間、集中力をしっかり持続させるコツなのです。

人は一定のリズムの中で生きています。

自分のリズムを知ることで、集中力が持続するようになります。

たとえば「50分で1回休む」ほうがいいと感じる人もいますし、「90分に1回休む」のがいい人もいます。

これはいろいろと試してみるといいでしょう。

どんなに仕事ができる人でも、ずっと集中しているわけではありません。

朝活タイムでも、日中の仕事でも、集中とリラックスのメリハリをつけるようにしましょう。

楽しく続けていくために必要な「ご褒美タイム」

私は、朝活時間でメールの返信もしています。

朝活の時間は限られているため、必要な人にだけ返信をしています。

そのこと自体はいいのですが、問題はそこで目にするメールのタイトルです。

タイトルに惹《ひ》かれて開封すると、「詳しくはこちらへ」というリンクが載っていたりします。

ここから「ちょっとこの記事を読みたいな」と脱線してしまうのです。

そうして集中力を持っていかれることもよくあります。

情報があふれる今、みんなが「とうやったら他の情報より目を引くか」を日々考えています。

気をつけなければ、あっという間に意識を持っていかれてしまうのです。

仕事仲間は、会うたびに「本当にユーチューブは怖いよ」と話しています。

スマホに設定しておくと、定期的に「あなたにお勧めの動画」という情報が送られてきます。

「これは面白そうだ」となにげなくクリックすると、その動画１つは３～５分で再生が終わるのですが、すぐ横に「関係しているちょっと気になる動画」がたくさん載っているため、思わずクリックしたくなるのです。

こうして15分、30分とロスしてしまうというわけです。


だからといって、すべての情報を無視することはできません。

この情報も仕事のモチベーションに利用すべきなのです。

私が最近やっているのは、**「ご褒美タイムを予定に入れる」**といったことです。

たとえば、「この仕事が終わったら、昨日のスポーツの結果を見よう」と決めておきます。

私は福岡ソフトバンクホークスのファンなのですが、ナイターの時は試合が終わる前に寝てしまうこともよくあります。

翌日、結果を知りたくてしょうがないのです。

これをご褒美として仕事をすると、ものすごくはかどります。


あなたも好きな情報があるでしょう。

仕事に、ご褒美タイムを設定してみてください。

ちょっとハードな仕事する前に、「この仕事をやったら○○の情報を見よう」としておけば、それを目標に頑張れます。

その時間もうしろめたさなく、楽しく過ごせます。

「朝の仕事をテストと考える」に、「休憩またはご褒美タイム」を組み合わせてみましょう。

朝活の時間が何倍も濃いものになります。

朝活のマンネリには、５％変化で切り抜ける

私は、毎日のルーティーンを大切にしています。

私の生活パターンを知っている人から、「毎日同じことをやっていて飽きませんか？」

と聞かれることもあります。

飽きることはありません。

飽きない理由は、「ちょっとした変化を楽しんでいる」からです。

私は、起きてすぐコップ２杯の水を飲むことは前述しました。

そのミネラルウォーターを毎回変えたりしています。

硬水と軟水の違いに始まり、今はいろいろな種類の水が売っています。

新しい商品を買っては、「この水はどんな感じかな」と楽しみながら飲んでいるわけです。

些細なことですが、ちょっとした変化があるだけで日常は新鮮になるものです。

私の知人は、毎朝食べるフルーツの種類を変えています。

ジョギングをしている人ならコースを変えるのもいいでしょう。

なんでも少しだけ変化させるといいのです。


脳科学に詳しい知人から、「脳はぐうたらなので、定期的に新しい刺激を与えるべき」ということを教えてもらったことがありました。

脳は体重の2％程度しかありませんが、エネルギーは全消費エネルギーの20％程度を使うと言います。

非常に燃費が悪いのです。

そこで脳は、無駄な燃料を使わないために、同じことは「これは今までやってきたことだな」と楽をするようになります。

これが続けば脳は怠けるようになり、飽きにつながってしまうのです。

脳が怠けないように、常に〝新しい刺激〟を与えるようにしましょう。

・種類や銘柄を変える
・量を増やす
・やり方を少し変える
・何かを足す

などなど。

イメージ的に言うと、5%程度変化させるという感じです。
些細なことだとしても脳はワクワクしてくれます。
自分も脳も飽きさせないように少しずつ刺激を与えましょう。

人生にジャイアントキリング（番狂わせ）を起こす！

朝活で最終的に目指す時間は、「朝の4時起き」です。

それより早くする必要はないと、私は考えます。

74ページで説明しましたが、朝の4時からアウトプットの時間になります。

それより前の時間は吸収の時間帯ですから、無理して起きれば体に支障が起こるでしょう。

3時起き、2時起きは普通の人は続けられない、通常の生活ではあまり意味がないと思います。

最終的には4時起きを目指してほしいのですが、くれぐれも無理はしないでください。

まずは1日1分ずつ早起きして、30日で30分の朝活時間を作りましょう。

30分の早起きに十分慣れたら、そこからまた1日1分ずつ早くしていきます。

これを続けていけば、最終的に朝４時起きになります。

私は、３～４年かけて朝４時起きになりました。

あせらずゆっくりでいいのです。


将来、４時に起きられるようになったあなたは、朝活マスターの域に達しています。

この時間帯は誰にも邪魔されない、あなただけの時間です。

６時までなら２時間、７時までなら３時間もあります。

この２時間、３時間をまるまる仕事に使うのもいいですが、その一部を「あなたがやりたかったこと」にあててほしいと思っています。


私は「ジャイアントキリング」という言葉が好きです。

ジャイアントキリングとは、「番狂わせ」のことで、スポーツなどで下位の者が上位の者に勝つことを言います。

あなたに、朝活でジャイアントキリングを起こしてほしいのです。

今までスポットライトを浴びている人や勝ち組の人を見て、「私とは住む世界が違う

なぁ」などと思っていた人もいるでしょう。

「私だって時間さえあれば……」などと思いながら、悔しい思いをしてきたはずです。今までやりたかったこと、諦めていた夢を叶えるために、この朝の時間を活用してチャレンジしてほしいのです。

大人になってから勉強する人は少ないですし、夢を実現させるための時間を取っている人もほとんどいません。

朝の時間を活用すれば、これからでも十分逆転可能なのです。

本書では、朝の貴重な時間を有効に活用するための具体的な方法をご紹介してきました。

まずは朝活で仕事を加速させ、「定時に帰って結果を出す」ことを目指してください。

その先は、あなたの夢を叶えるための時間として使うことです。

私は朝活で、トップ営業マン、著者、コンサルタント、大学講師と夢を叶えてきました。

30年間なんの結果も出せなかった私が、これほどまで結果が出せたことは、番狂わせと言っていいのではないでしょうか。

私は、朝活でジャイアントキリングを起こしました！
さあ、次はあなたの番です。

第６章まとめ

●やる気が出ない朝のために、やる気が出る仕掛けを作っておく。

●朝やることにはすべて制限時間を設定する。

●朝活のマンネリは、５％変化で切り抜ける。

●最終的に目指すのは「朝の４時起き」。人生にジャイアントキリングを起こせる！

おわりに――菊原智明の一見、超ハードな一日

本書を最後まで読んでいただきましてありがとうございます。

心より感謝いたします。

最後に、この本の総まとめ的な意味も込めて、私の代表的な一日のスケジュールを紹介させてください。

朝活マスターになるための参考にしていただければ幸いです。


本文でも述べたように、私は毎朝4時に起床します。

1月1日から12月31日まで毎日です。

このように話すと、「365日、4時起きですか！　ハードすぎます」と言われることがあります。

私としてはハードに生きているわけではなく、いたって自然体で、そのほうが楽だから

続けています。

通常は夜の9時には寝ますので、睡眠時間は7時間くらいです。

4時起きと聞くとショートスリーパーのイメージがありますが、まったくそうではありません。

出張や、夜のつき合いがある日は、夜遅くなる時もあります。

ただ、その翌日も早起きの習慣で、4時に目が覚めます。

長年続けていると、体が目覚めてしまうんですね。


週に半分はスマホのタイマーで起き、半分は4時前に自然と目が覚めます。

目覚めたら「あぁ、よく寝たぞ。今日も楽しみだ」と言いながらサッと起き上がります。

十分睡眠を取っているため、気持ち良く目覚められるのです。

寝室が2階にありますから、起きたら「よっし！　やるぞ」といった気合の言葉を言いながら階段を下ります。

1階に降りたらパソコンのスイッチを押し、洗面所で顔を洗い、鼻うがいをします。

鼻うがいとは、ぬるま湯に塩を入れ、それで鼻の中を洗うのです。

はじめは花粉症予防で始めたのですが、これをやるとスッキリと目が覚めます。

また風邪を引きにくくもなりました。

いっけん痛そうに感じるかもしれませんが、スッキリして気持ちがいいです。

温度と塩加減がポイントで、お湯と塩の分量を決めるのも実験みたいで楽しくもあります。

塩もヒマラヤ岩塩にしたり、沖縄の塩にしたりと、いろいろと変えていきます。

マンネリ化を防ぐための5％変化ですね。

それからコップ2杯の水を飲みます。

この水もよく銘柄を変えます。

塩を変えたり、水を変えたりすることは、私にとって朝の楽しみの一つです。


ここで4時10分。

その頃にはパソコンも立ち上がっているので、その前に座ります。

まずはブログ更新です。

前日に書いたノートを見て、ブログを書き始めます。

ブログを書き始めて1年くらいは30分のタイマーをかけ、「あと5分かぁ、急がなくては」と時間を見ながら書いていました。

しかし、今は体感で何分経過したかわかりますし、5分前にはまず仕上がります。

誰でも15年も続けていればできるものです。

ブログを書き終えるのが4時40分くらい。

ただ、4時台だと早すぎるので、少し待って5時に更新するようにしています。

そこから1時間原稿を書いたり、パワーポイントの資料などを作ったりします。

この時間は神レベルに集中していて、夜の4~5倍の仕事ができるのです。

これで5時40分。

ここから重要なメールの返信をします。

よほど仕事が多い日でない限り「6時までの約2時間で8割の仕事」が終わります。

朝6時であれば、まだ寝ている人も多くいます。

そんな中、8割の仕事を終える達成感は、何事にも代えられないほどの快感です。

一度味わったら本当にやめられません。

6時から朝ご飯を作るなどの家事をして、娘を学校に送りだします。

後はフリータイムです。

週2~3回ほど、大学の授業や企業研修などで出かけることがありますが、それ以外の日は自由に過ごしています。

朝活時間内にすべての仕事が終わった日は、一日がとても長く感じます。

ヨガやゴルフ、ソフトボールなどをして体を動かしています。

夕方まで好きなことをして、後は夕飯を食べてお風呂に入って寝るだけです。

ここ何年も夜に仕事をした記憶はほとんどありません。

朝活は、私の人生を本当に豊かにしてくれました。

本当に感謝しかありません。

もし朝活していなかったら……と考えると恐ろしくなります。

あなたは、この本で朝活のためのノウハウを学びました。

ぜひ今日から小さな一歩を踏みだしてください。

朝活時間が1分1分増えていくたび、次々にチャンスが広がっていくことをお約束します。

最後に、出版プロデューサーの遠藤励起さんと、青春出版社の編集長・中野和彦さんにお礼を言わせてください。

遠藤さんとは10年以上のつき合いで、縁あってまたお仕事させていただくことになりました。遠藤さんのアイデアがなければ、この本を世に出すことはありませんでした。

また中野さん、いつも丁寧に原稿をチェックしていただきましてありがとうございます。心より感謝いたします。

最後の最後に、家族へ感謝の言葉で締めさせていただきます。

いつも本当にありがとう。

営業コンサルタント・関東学園大学講師

菊原智明

著者紹介

菊原智明　営業コンサルタント・関東学園大学経済学部講師。95年に大学卒業後、トヨタホームに入社。7年間、クビ寸前の売れない営業マン時代を過ごすも、お客様へのアプローチを変え、夜型体質を1日1分ずつの早起きで朝型に変えた結果、4年連続トップ営業マンに躍進。2004年には全国No.1営業マンの座も獲得する。
06年に独立し、営業サポート・コンサルティング株式会社を設立。現在では朝4時起き生活を1年365日続けながら、営業マンに向けての研修、コンサルティング活動等を行い、これまでに3000人を超える営業マンの育成に携わってきている。10年からは、日本で初めて大学生に向けた実践的な"営業の授業"も担当。また、社団法人営業人材教育協会の理事として、営業を教える講師の育成にも取り組んでいる。

朝《あさ》30分《ぷん》早《はや》く起《お》きるだけで
仕事《しごと》も人生《じんせい》もうまく回《まわ》りだす

2020年1月1日　第1刷

著　　者　菊《きく》原《はら》智《とも》明《あき》
発行者　小澤源太郎

責任編集　株式会社 プライム涌光
電話　編集部　03(3203)2850

発行所　株式会社 青春出版社
東京都新宿区若松町12番1号 〒162-0056
振替番号　00190-7-98602
電話　営業部　03(3207)1916

印　刷　共同印刷　　製　本　大口製本

万一、落丁、乱丁がありました節は、お取りかえします。

ISBN978-4-413-23143-5　C0030

すべての人間関係の秘密を解き明かす
「マヤ暦」でわかる相性
木田景子

ノートのとり方1つで
子どもの学力はどんどん伸びる！
州崎真弘

不登校になって
本当に大切にするべき親子の習慣
わが子を笑顔にするために、今すぐできること
菜花　俊

5歳から始める最高の中学受験
小川大介

東大のヤバい現代文
小柴大輔

青春出版社の四六判シリーズ

1分間ビジョン・トレーニング
子どもの目はすぐよくなる
近視・遠視・乱視・弱視・斜視…遊び感覚で視力アップ！
中川和宏

子どもが10歳になったら
投資をさせなさい
横山光昭

やる気がない！落ち着きがない！ミスが多い！
子どもの「言っても直らない」は
副腎疲労が原因だった
本間良子　本間龍介

TOEIC® L&Rテストは
「出題者の意図」がわかると
1カ月で180点伸びる！
モモセ直子

※以下続刊

お願い　ページわりの関係からここでは一部の既刊本しか掲載してありません。
折り込みの出版案内もご参考にご覧ください。